非物质文化遗产普及读本

民 俗 卷 （上）

山东城市出版传媒集团·济南出版社

图书在版编目（CIP）数据

山东省级非物质文化遗产普及读本.民俗卷.上/
李国琳主编.—济南：济南出版社，2018.1（2023.3重印）
　ISBN 978-7-5488-3007-8

　Ⅰ.①山… Ⅱ.①李… Ⅲ.①非物质文化遗产—山东
—普及读物 ②风俗习惯—山东 Ⅳ.①G127.52-49
②K892.452

　中国版本图书馆CIP数据核字（2018）第012701号

出 版 人　崔　刚
责任编辑　冀瑞雪　冯文龙
装帧设计　李海峰

出版发行　济南出版社
地　　址　山东省济南市二环南路1号（250002）
编辑热线　0531-86131747（编辑室）
发行热线　86131747 82709072 86131729 86131728（发行部）
印　　刷　三河市祥达印刷包装有限公司
版　　次　2018年1月第1版
印　　次　2023年3月第2次印刷
成品尺寸　170mm×240mm　16开
印　　张　8
字　　数　130千
印　　数　6001-8000册
定　　价　43.00元

（济南版图书，如有印装错误，请与出版社联系调换。
　联系电话：0531-86131736）

编委会

序　言

习近平总书记指出："文化是一个国家、一个民族的灵魂。文化兴国运兴，文化强民族强。中华优秀传统文化是我们最深厚的文化软实力，也是中国特色社会主义植根的文化沃土。要积极推动中华优秀传统文化创造性转化、创新性发展。"在悠悠五千年的历史长河中，中华文明绵延不绝，历久弥新，孕育了丰富的精神文化财富。非物质文化遗产是中华优秀传统文化的重要组成部分，代表中华民族鲜活的文化基因，是民族历史的传承和民族精神的凝缩，是自古以来劳动人民智慧的生动展现。传承和弘扬中华民族优秀传统文化，挖掘和保护中华民族非物质文化遗产，研究和利用齐鲁大地的优秀文化遗产，是时代的要求，是历史的必然，是人民的期盼。

山东是孔孟之乡，礼仪之邦，拥有悠久的历史和灿烂的文明，是中华文明的重要组成部分。在这片广袤的齐鲁大地上，生长着韵味十足、特色鲜明的非物质文化遗产。神秘动人的民间文学、地域鲜明的民俗传统、风格迥异的传统音乐、独具神韵的传统舞蹈、意味无穷的传统美术、丰韵绵长的戏剧曲艺、通灵入化的体艺杂技、创意灵动的手工技艺，都饱含着齐鲁儿女的创造力，深藏着齐鲁大地的智慧，是齐鲁文化的重要代表之一。灿烂的非物质文化遗产充分展现了齐鲁儿女独具品味的审美个性和别具一格的思维方式，是山东文化发展的见证。

山东是非遗大省，非物质文化遗产资源极其丰富，非遗保护工作一直走在全国前列。目前，我省共有联合国教科文组织认定的"人类非遗代表作名录"项目8个，国家级名录173项，省级名录751项，现有国家级传承人51名，省级传承人296名，3家企业被文化部命名为"国家级非遗生产性保护示范基地"，共有68个省级非遗生产性保护示范基地，有1个国家级、9个省级文化生态保护实验区。为弘扬中华优秀传统文化，充分展现我省非物质文化遗产的博大精深和独特魅力，山东省文化厅组织编纂了《山东省级非物质文化遗产普及读本》系列丛书，首套共5册，其中民间文学类共3册，包含80个省级民间文学项目；民俗类2册，包含50个省级民俗项目，以后会陆续编纂其他系列的丛书。本套丛书内容主要是以各市申报省级非物质文化遗产代表性项目的素材资料为依据。

　　本套丛书通过故事叙述与文化阐释相结合，以图补文与多方视角来讲述，涵盖历史渊源、基本内容、表现形态、传承发展、社会价值等方面。相信通过此套丛书的出版，必将使广大读者更加生动、全面、系统地了解山东省非物质文化遗产的传承历史、表现形态、文化内涵及保护现状，必将进一步增强广大群众的文化自信和文化自豪感，下一步，我们将深入贯彻落实党的十九大精神，深入贯彻落实习近平总书记系列重要讲话精神和视察山东重要讲话、重要指示批示精神，以习近平新时代中国特色社会主义思想为引领，统筹推进"五位一体"总体布局，协调推进"四个全面"战略布局，不断弘扬中华优秀传统文化，不断推动文化建设向纵深发展，为满足人民群众对美好生活的向往，为丰富广大人民群众的文化生活，保障广大人民群众的文化权益，为深入推进经济文化强省建设，实现中华民族伟大复兴的中国梦而贡献更大的力量。

山东省文化厅厅长　　王　　磊

C目录
ONTENTS

周戈庄上网节

　　2006年，即墨市（现改为青岛市即墨区）的"周戈庄上网节"被山东省人民政府列入第一批省级非物质文化遗产名录。

　　即墨区隶属于山东省青岛市，位于胶东半岛西南部，这里面向大海，地形多是低山丘陵，气候非常湿润，四季明显，降水充沛，空气清新，素有"海山之畔，云天之滨"的美誉，被誉为胶东半岛上的一颗璀璨明珠。周戈庄上网节就发源于此。

图一　周戈庄村风景

周戈庄的上网节是渔民在每年出海作业前祭祀海神，向海神祈求平安丰收的一个盛大节日，又称"祭海节"。这个节日有着悠久的历史渊源，从一个祭祀海神的活动，随着历史环境的变化，经过不断演变，成为今天我们所看到的盛大的民俗活动。

据专家对田横镇境内古文化遗址的考证，早在六千年前的新石器时代，先民们就在田横镇所在的这片土地上耕作生息；到元末，因为连年征战，附近的人们走的走，逃的逃，这里几乎变成一片荒芜之地；明永乐年间，因当地受倭寇侵袭，朝廷从云南、陕西等地征调移民，到现在的田横镇境内生活。

明清时期，人们的渔业生产能力非常低，在出海捕捞生产的过程中经常会有海难发生，恐惧自然灾害的渔民们只能祈求海神的保佑，久而久之，便形成了对海神的崇信和祭海民俗文化。

最初，祭海活动主要是渔民一户一船零散地进行，没有固定的日期，但因当地有"谷雨百鱼上岸"的说法，许多渔民会在这期间挑选一个吉日祭海，以此祈盼丰收季节能有更多收获，出海人能平安归来，这便是周戈庄上网节的前身。这种零散简单的祭海活动一直持续到民国初年直到民国时期，才初见田横祭海的规模，形成了以家族或船组为单位的集体祭海活动，并在沿海各渔业村庄越传越广，产生了不小的影响。1949年以后，随着生产的逐渐恢复，祭海活动也得到了进一步的发展。

1984年，祭海活动重新恢复，称为"周戈庄上网节"；1996年，"周戈庄上网节"固定为每年公历的3月18日。

2004年，即墨市（现改为青岛市即墨区）文化局、田横镇政府共同策划，将"周戈庄上网节"命名为"周戈庄祭海民俗文化节"，并增加了巨书表演、威风锣鼓、扭秧歌等民间文化活动；2005年，又更名为"田横祭海民俗文化节"，时间定为每年公历3月18日前后三天，并增添了喝壮行酒、吴桥杂技、斗鸡等民俗表演以及祭海民俗摄影大赛、香饽饽面塑大赛、民俗研讨等内容；2006年，正式定名为"田横祭海节"，并首次提出了"人海相谐，兴我家邦"的主题口号，增加了仿古祭海表演、开船仪式等新的内容。而"周戈庄上网节"的名称因家喻户晓，也被保留下来。

仅仅三年时间，周戈庄上网节已发展成为全国渔文化特色最浓郁、原始祭海仪式保存最完整、规模最大的民俗盛会，成为青岛市最受市民欢迎的十大文化活动品牌之一。

现在我们所看到的周戈庄上网节，主要包括两方面的内容——前期筹备工作和正式仪式。像过年一样，在节日开始之前，家家户户都要进行紧锣密鼓的准备工作，为的就是过一个热热闹闹，红红火火的上网节。

在前期准备工作中，最重要的当然是准备吃的工作，要选"三牲"。"三牲"是猪、鸡和鱼三种，猪最好是黑毛公猪，越大越好，宰杀后拔毛，只留猪脖子上的一撮黑毛，然后把红绸布打结，做成的红花带披挂在猪头和猪脖子上，最后把杀后的猪充气，充得胖鼓鼓的，绑在一只四短腿红漆长方矮桌上，这样猪就能呈现一个昂首站立的姿势。同样，鸡和鱼也要有讲究，鸡要选个头大的红毛公鸡，鱼要用大个儿的鲈鱼。

肉备好了就得备面食，要蒸面馍。这蒸面馍可是渔家媳妇大显身手的好时机，每每祭海之前，渔家媳妇便开始蒸面馍，以备祭祀时用。祭海用的面馍个头大，一般每个在四斤左右，这些面馍造型多样，色彩丰富，每一个都独具特色。渔家媳妇们个个冥思苦想，都想蒸出形状最独特，颜色最好看的面馍。

除了过节要用的吃食要精心准备，文化氛围也绝对不能少，每年祭祀前，都

图二 上网节的面馍

要由村里德高望重的老人用黄表纸写"太平文疏"，称作"写太平疏"。为了表示人们的虔诚，写太平疏的过程中要点上一炉香，写上五份，意为给所祭祀的五位神灵各写一份，格式相同，名号不同，写好后仔仔细细地叠好，以备祭祀时用。除了写太平疏，渔民们还会请村里毛笔字好，又善于编对子的人来写对联。对联的内容一般为"力合鱼满舱，心齐风浪平""海不扬波，水上太平"等，蕴含着渔民们对于鱼虾丰收、平安出海的美好愿望。

图三　渔民装饰的松柏门

祭海之前，渔民们还要将位于村东海边的龙王庙打扫装饰一新，在龙王庙前悬挂新制作的大红灯笼，在龙王庙前的海滩上扎松柏门，以此来渲染热闹的节日气氛。松柏门为重檐式，宽十多米，高差不多八米，先用木杆扎好框架，然后用新砍来的松柏枝装饰起来。松柏门的上层悬挂上匾额，两边陈列上绘有二龙戏珠和鱼跃龙门等图案的匾额，整个松柏门满布灯彩，远远看去便觉十分喜庆，节日氛围异常

图四　船主们将船排列在村前海湾

浓厚。最后，在与松柏门相对的海滩西头搭起祭海时要用到的简易戏台，上网节前期的准备工作就算大体完成了。

祭海仪式是周戈庄上网节的高潮，人们所有的准备都是为了这个盛大的祭海仪式。

祭海日的清晨，各个船的船主将船只开到村前方的海湾，一字排列开来，船尾朝向岸边，船头面向大海，然后下锚定位。每一艘渔船都被装饰起来，彩旗飘扬，艳丽无比；渔具、网具被整齐地摆在船上，一派整装待发的气势。

上午七时左右，渔民们便以船为单位开始摆供，摆供的地点在龙王庙前的海滩上。桌上分别摆放上渔民们精心准备的三牲、面馍、糖果、点心等，每组供桌前，还要架立上一束用竹竿绑扎成，有几米高的"站缨"，那是渔船下海的标志。同时，将准备焚烧的黄表纸划好，香炉摆正，鞭炮绑在杆子上，供桌摆好后，还要把村民们各自的对联贴在龙王庙门口和庙前的照壁上。

图五　上网节上看大戏

　　一切准备妥当后，祭海活动就开始了。过去祭海的时辰是越早越好（渔民都期望"占先发财"），现在则统一定在上午八时，由渔民们推举出一位德高望重的船把头，吉时一到，大声宣布："祭海仪式现在开始。"随着船把头一声令下，鞭炮齐鸣，人们开始焚烧香纸，并把写好的"太平文疏"点燃，磕头祈愿。随着噼里啪啦的鞭炮声，各船开始往空中抛撒大把大把的糖果，海滩上的众人便蜂拥而上，争抢糖果，因为当地有"谁捡的糖果多，当年即交大运"的说法。渔民也崇信，哪艘船上的鞭炮声势大，持续时间长，哪艘船便会在一年中兴旺发财。因此，当地祭海用的多是上万响的大鞭炮，船家们把几挂长长的鞭炮绑在大木杆上同时燃放，火花四溅，噼啪炸响不绝于耳，很是气派。

　　祭海时，还要连唱三天京剧。当地人把庄重气派的京剧称为"正戏"或"大戏"，而把别的戏称作"杂耍"，所以祭海活动多从烟台、青岛、莱阳等地请来京戏班子，所需的钱款由各船共同承担。

　　除了排船、看戏，渔民们还邀请亲朋好友们集体聚餐，联络感情。过去，在祭海仪式结束后，渔民们都是在船上聚餐，并邀请行人来船上吃鱼、吃肉、喝酒，来的人越多，表明接到的祝福越多。现在则改为在家里设宴，款待前来参加祭海仪式的亲朋好友，祭祀时用的三牲、面塑成为聚餐的主要食品，人们在这一天与亲朋欢聚一堂，痛快畅饮。祭海之后第二天，勤劳的渔民们便要出海，开始一年的渔业生产。

　　上网节因渔民敬畏海神而产生和发展，所以在沿海地区有非常广泛的群众基础，渔民和周边群众都乐于参加相关活动。它的渊源及发展过程，对研究我国沿海地区人们的生产生活具有重要的参考价值，极具人类学、民俗学的研究价值。

海云庵糖球会

　　2006年，青岛市四方区（现改为青岛市市北区）的"海云庵糖球会"被山东省人民政府列入第一批省级非物质文化遗产名录。

　　青岛市四方区（现改为青岛市市北区）位于山东半岛西南部。海云庵，又称大士庵，位于青岛市市北区海云街1号，始建于明成化元年（1465年），为道教郝祖华山派的古道观，有五百多年历史，原占地十余亩。关于海云庵的由来，传说不一，版本各异，其中最具魅力，流传最广、最久的当属《海上漂木》之神异传说。相传原四方村紧临海岸，当地居民多以捕鱼、晒盐辅以农耕为生。成化元年，仲秋月圆之夜，村中年长者做一梦，梦见海上漂来一根巨大木材，南海观音大士飘然端立巨木之上，金童玉女分立左右，大士左手捧圣水瓶、右手持杨柳枝，慈眉善目、金光瑞祥，半空中龙飞鹤舞、仙乐飘飘、瑞光普照。天刚微亮，众人不约而同来到海边，梦中所见巨木果然漂浮海面，当地居民认为是救苦救难的观世音所赐，就用这根神木建造了庙宇，又因神龙、仙鹤曾于梦中显瑞，便根据"海为龙天地，云为鹤故乡"之意，将此庙命名为"海云庵"。

　　海云庵三殿并列，主殿观音殿——主奉观音大士，可求"平安吉祥、姻缘美满、家庭幸福"；施仙张仙可求"大人小孩身体健康、无病瘟之灾"；送子爷爷、送子奶奶可求"产育安顺，孩子健康聪明"。东侧财神殿——主奉文

图一　海云庵

财神比干、武财神关公，可求"财运亨通、生意兴隆"；龙王爷可求"风平浪静、风调雨顺、水途安妥"。西侧老君殿——主奉道教至高尊神太上老君，可求"学业有成、事业成功、前途光明、荣华富贵"；后稷、鲁班可求"五谷丰登、木工神技"。海云庵后又增加了海运保护神——妈祖神像。海云庵因神灵而出名，被当地民众尊为"四方大庙"。海云庵在当地民间节日里都有活动，如正月初三药王圣诞，初九玉皇大帝圣诞，十五上元天官圣诞，十六至十八庙会日（糖球会），十九邱祖圣诞等，热闹非凡。在其他月份也有非常丰富的活动，贯穿全年。

海云庵香火旺盛，信众云集，并以每年正月十六第一个大潮日举办庙会，祈祷国泰民安、风调雨顺、舟航稳载。当地民众每年在正月十五之后才开始劳动，在下地劳动和出海捕鱼之前，为祈求丰年、保佑出海平安，都要进庙烧香磕头，举行祭祀、祈福活动。庙会期间，庵前的海云街摊位云集、百货杂陈，与会者扶老携幼、摩肩接踵、络绎于途，各种民间手工艺品交易兴旺，民间小吃都来这里设摊，各路民间艺人也来这里献艺，热闹非凡。由于庙会食品中糖球居多且最具特色，制作技艺精湛，花色品种繁多，诸如山楂、软枣、蜜橘、山药等各种糖球红黄相间，糖色金光璀璨，深为赶庙会者所喜爱，因而海云庵庙会遂以糖球会而名扬城乡，历五百余年而不衰，遂成为青岛地区最大的传统庙会。中国人素以"红"为大吉大利的象征，因而当地人认为吃一串海云庵庙会的大红糖球，预示着一整年吉祥如意。久而久之，群众便将海云庵传统庙会称为

图二　海云庵糖球会

"海云庵糖球会"。1982年，海云庵被青岛市人民政府列为市级重点文物保护单位。1989年，原青岛市四方区政府正式命名并主办"海云庵糖球会"，会期为每年正月十六日至十八日。自2008年起，"海云庵糖球会"延长为一周，即正月十六日至二十二日。

海云庵庙会期间，青岛市北区的东镇、东吴家村、西吴家村、小村庄、水清沟、湖岛村以及周边村镇的民众，一路打着锣鼓、放着鞭炮，赶来进香磕头，热闹非凡。年复一年，锣鼓配上了杂耍，庙会增加了说唱等曲艺节目，各地的戏班及民间艺人也到了庙会，民俗活动占据了庙会的主要位置。因为糖球会与当地渔民的劳动有关，辛勤的老百姓每年正月都将糖球会当成自己的节日。

每年庙会都有几十项文化活动项目，包括每年的开幕式暨大型广场文艺表演、糖球会摄影抓拍比赛暨获奖作品展、舞狮大赛、民间工艺精品展示和工艺大师现场表演、民间群众文艺表演、地方戏专场演出、曲艺专场演出、民间书画现场展卖、民间演唱组合乐队大赛以及各种艺术交流展览活动等。每年都有大量的诸如地方戏、民间杂耍、民间吹奏乐、皮影戏、木偶戏等表演形式。每

年的地方戏专场演出都尽量做到地方戏种、地方剧团不重样，有吕剧、茂腔、柳腔、黄梅戏等，分上下午场次，演出周期为三天。在展览交流方面着重突出民间工艺美术方面的宣传和展示，曾先后举办了青岛地区的黄岛农民剪纸、胶南农民年画展览；连续邀请了中国三大木版年画产地——潍坊杨家埠、天津杨柳青、苏州桃花坞木刻年画，以及陕西宝鸡民间美术品来青展出；举办了"中国民间工艺大师作品展"等系列专题展览活动。还邀请了全国几十位美术大师参加展示交流活动，进一步丰富了庙会的内容。在保留传统文化活动的基础上，不断推出新颖的文化活动，使广大岛城人民在积极参与中，充分感受到民间庙会浓浓的节日气氛和给大家带来的良好祝福。

　　每逢糖球会，海云庵内游人络绎不绝，道教音乐悠扬飘逸，庵外广场各地的民间文艺、工艺表演等汇集，形成了集民俗、文化、旅游、经贸于一体的民

图三　海云庵糖球会

俗文化活动。1990年，海云庵糖球会被国家旅游局列为国家百项重点民俗旅游节庆活动之一；2005年，海云庵糖球会被评为"中国十大民俗节"之一；2006年，海云庵糖球会入选"山东省省级非物质文化遗产名录"。

　　作为青岛土生土长的民俗节日，"海云庵糖球会"在历史长河中已被赋予了新的内容和形式，它承载的老百姓对美好生活的期冀愈发鲜明，人们在这种具有特色的民间文化艺术形式的集聚活动中自我参与，自娱自乐，寻求内心的安宁与欢乐。"海云庵糖球会"经久不衰且愈加丰富，有力地彰显了中华优秀传统文化顽强的生命力。

天后宫新正民俗文化庙会

　　2006年，青岛市的"天后宫新正民俗文化庙会"被山东省人民政府列入第一批省级非物质文化遗产名录。

图一　天后宫
（图源：青岛市民俗博物馆官方网站）

　　天后宫位于青岛市太平路19号，毗邻栈桥，是青岛市区现存历史最久的明清砖木结构建筑群。"先有天后宫，后有青岛市"。青岛开埠于19世纪末，而天后宫距今已有五百多年的历史。天后宫始建于明成化三年（1467年），初称"天妃宫"，是当时青岛村胡姓族人捐资兴建的，有殿堂三间，供奉妈祖、龙王和财神，俗称"中国大庙"，是中国海洋民俗文化的一个象征。明崇祯十七年（1644年），在住持宿义明的募捐下，扩大了建筑规模。清雍正十一年（1733年），天后宫制定了致祭制度，并建成大殿，鳌山卫和浮山所的官员们分春秋两季前来祭奠，使这里形成了规模盛大的海滩庙会，这便是新正民俗文化庙会的前身。

　　清同治四年（1865年），天后宫前的大戏楼扩建工程正式启动，使这里成为青岛人逢年过节举行活动的重要文化娱乐场所。青岛地区的一些地方戏，如茂腔、柳腔和吕剧等，也纷纷在此登台亮相。据胡存约的《海云堂随记》记载，在光绪年间，天后宫的大戏就已经远近闻名了。每届新正，人们群集天后宫庙，焚香请愿，年复一年，代代如此，已成积俗。香火最盛、最为热闹的时间当属每年的正月初一至正月十五，杂耍、地方戏、秧歌、江湖把式无所不有。

1996年，天后宫得到重新整修，变成了一座焕然一新的"青岛市民俗博物馆"。2000年，"青岛市民俗博物馆"恢复了青岛市区最早的庙会，并定名为"青岛天后宫新正民俗文化庙会"。

新正民俗文化庙会以天后宫为依托，是在青岛民间沿袭了几百年的一项传统年俗活动，以妈祖信仰及相关活动为核心，同时集中了青岛各项传统民间文化活动，每届活动有所不同，主要活动有：

（一）祭祀祈福：除夕夜撞钟击鼓、祭海民俗表演、"天后赐福好运来"民俗信仰祭拜等。人们通过自发的祭祀祈福活动，来表达对美好生活的期盼，寻求心灵的皈依。

图二　除夕夜祈福撞钟仪式
（图源：青岛市民俗博物馆官方网站）

（二）民间工艺展示：民间剪纸、传统面塑以及其他民间艺人绝活等。民间工艺不仅是灿烂的文化遗产，还是中华文化的瑰宝，将民间工艺带进大众视野，有利于弘扬和传承中华优秀传统文化。

（三）知识传播活动：元宵灯会、灯谜大赛、迎新春对联征集、古琴雅集（古琴讲座）、民

图三　庙会上的民间艺人
（图源：青岛市民俗博物馆官方网站）

图四　庙会上猜灯谜的市民
（图源：青岛市民俗博物馆官方网站）

俗风情摄影大赛、民俗文化藏品交流鉴赏大集等。通过此类活动，不仅开拓了人们的视野，而且在一定程度上丰富了老百姓的业余生活，提高了大众的生活品质。

（四）技艺比赛：民间艺术杂耍表演、民间游戏竞技表演、中外名鸡斗鸡擂台赛、"中华龙镖"飞镖有奖大赛等。将珍贵的民间技艺通过比赛表演的形式呈现出来，将娱乐元素与地域文化元素相融合，不仅让人们享受到参与之乐，还丰富了庙会的形式，其乐无穷。

（五）文化展览：馆藏文物展览、民俗文化藏品展览、民间艺人大赛获奖作品展、天后文化展等。通过文化展览活动，能够拓宽视野，增长知识，了解民俗文化，更好地保护和传承中华优秀传统文化。

图五　戏曲展演
（图源：青岛市民俗博物馆官方网站）

（六）文艺演出：吴桥杂技、鞍山高跷、少林武术、南北舞狮、中华魔术、软硬气功、京剧、吕剧等。丰富多样的文艺演出给庙会增添了多重的乐趣，人们可以在赏玩学习中了解更多的民间艺术形式，有利于传统文化的传承与弘扬。

（七）传统小吃：冰糖葫芦、刀削面、臭豆腐、拉面等。传统特色小吃是庙会不可或缺的一部分，人们在饱眼福的同时也一饱口福，品味舌尖上的地方文化。

新正民俗文化庙会包含多项民间艺术形式和民俗体验活动，具有浓郁的地方传统民俗特色，流传至今，成为青岛文化的重要组成部分，展现了新时代的民俗风情。

作为一种民间活动，新正民俗文化庙会具有妈祖文化和海洋文化信仰双重性质。妈祖文化的广泛性和同一性使新正民俗文化庙会成为推动大陆与港、澳、台以及海外华人交流的平台；作为一种文化活动，新正民俗文化庙会具有浓郁的地方特色，无论是祭祀还是其他文化活动，都体现了当地的风俗习惯。置身于春节的庙会中，人们会感受到中国传统文化所传承下来的热情与喧闹，成为新春正月青岛的一个品牌文化活动。

历经几百年的历史和文化积淀，并由民间自发推动发展至今，以妈祖文化为依托的祭祀风俗和民间信仰成为折射中国传统文化精神的一面镜子，是一种古老而又鲜活的社会文化现象。新正民俗文化庙会中蕴含的民俗文化、民间信仰、民间文艺传承等方面的价值尤为突出，它充分表达了当地老百姓祈求风调雨顺、国泰民安的朴素愿望。时至今日，新正民俗文化庙会已成为民间文化集中展示的舞台，传统文化薪火传承的讲坛，群众文化生活的场所，中外文化交流的纽带，对传统文化的保护和传承发挥着积极作用。

渔灯节

烟台市经济技术开发区位于山东半岛东部，是春秋时期牟子国的所在地，是甲骨文之父王懿荣的故乡。

当地渔民有一个属于自己的传统民俗节日，叫渔灯节。沿海渔民以一家一户为单位，自发地在正月十三或正月十四午后，从各自家里抬着祭品，打着彩旗，一路放着鞭炮，先到龙王庙或海神娘娘庙送灯、祭神；再到渔船上祭船、

图一　渔灯节全景

祭海；最后，到海边放灯。这种祭祀活动流传于辖区内十几个渔村，其中山后初家、芦洋、八角三村的渔灯节因活动规模和社会影响力较大，被公认为"渔灯节"的代表。

据蓬莱史志《登州府志》（卷二）记载，建村较早的芦洋村（原名芦洋寨）始建于明洪武二十九年（1396年），距今已有六百多年。山后顾家村八十多岁的顾广信讲，据他爷爷说，有村就有渔灯节了，而山后顾家村建村已有五百多年的历史。由此推算渔灯节至今已有五百多年的历史。

关于渔灯节的时间，据山曼先生在《中国渔岛民俗》中考证，渔灯节是从传统的元宵节中分化出来的一个专属渔民的节日，所以应该为元宵节的前一天——正月十四日。而现在的渔灯节，有的村是正月十三，有的村是正月十四，究其原因，芦洋村的丁义江老人说："听我爷爷讲，山后初家村村东海湾，是天然渔港，周边渔村的渔船多在此停泊避风，为了祈求人船平安，鱼虾满舱，周边渔民共同募集资金，修建了这一带最早的龙王庙。随着海洋捕捞业和海上航运业的发展，从事海上渔业捕捞和海上航运的人越来越多。渔灯节期间，为解决船主间争抢拜祭先后的纠纷，在1938年前后，山后顾家村、山后初家村等几个村的渔灯节时间改为正月十三，其他村渔灯节时间继续沿袭旧时正月十四。"

开发区沿海渔民崇拜的海神主要是"龙王"和"天后"。因传说中龙王乃海上主宰，故渔民崇拜龙王是为祈求渔船平安，鱼虾满舱。"天后"起源于南方，始称"妈祖"，随着南北海上航运传到北方，当地俗称"海神娘娘"。从沿海渔村的建村史来看，当地渔民崇拜"天后"应在明洪武二十九年（1396年）以后。

后来，随着社会的变革，"渔灯节"的组织形式和祭祀内容也发生了相应的变化，在不同历史时期呈现出不同特征，可分为初期的渔灯节、成型的渔灯节、特型的渔灯节、现代的渔灯节四个阶段。

一、初期的渔灯节

在清道光年间"海会"成立之前，渔灯节是以一家一户为单位组织的，刚入腊月就要着手准备鞭炮、供香、烧纸、佛蜡、供菜、饽饽、渔灯、船模，

富足渔家有大鱼、猪头等祭祀用品，在船头、船舱、船尾、船桅和庙前张贴对联，在船桅和庙前旗杆上悬挂彩旗，庙宇执事负责给龙王或海神娘娘沐浴更衣。在节日傍晚（当地时间约4-5点钟），各家各户按祭祀顺序依次拜祭。

图二　渔灯节供品

二、成型的渔灯节

从"海会"成立到20世纪50年代中期，以一家一户为单位的零散活动，逐渐改为由"海会"统一组织安排，组织形式、祭祀程序、祭祀内容、活动规模等均趋于成熟。

"海会"是渔民的自发组织，原称"渔会"。平日的主要职责是调节渔民海上捕捞、水产买卖和港口货物搬运发生的纠纷，并负责港口码头修建及维修。随着渔灯节规模逐渐扩大，"海会"担负起了庙宇的修缮和日常看护职责，并统筹安排寺庙祭祀活动和庙前搭台唱戏等文娱活动，所需费用是向渔民以及本地商贾富户募集而来。

三、特型的渔灯节

从20世纪50年代中期到80年代初，渔灯节的组织形式和活动内容发生了较大的变化。因一切财产归集体所有，渔灯节由集体统一组织。渔灯节从活动内容上终止了上庙送灯、祭神、祭船、祭海、送灯活动，改为节日期间在渔船上悬挂彩旗，燃放鞭炮，并组织村民开展扭秧歌、舞龙等自娱自乐文艺活动。由于活动重点的转变，时间由傍晚改为午后。

四、现代的渔灯节

20世纪80年代，"渔灯节"这一传统习俗重新活跃起来，在形式上更加多元化。随着经济社会发展，"渔灯节"的渔家特色更加鲜明，文化内涵更加丰富，其规模、影响和声势远远超过从前。内容包括以下几个部分：

（一）祭拜海神娘娘

1. 送渔灯。船主将自制的渔灯送到海神娘娘庙供奉，祈求海神娘娘用渔灯指引渔船平安归来。

2. 送愿船。船主依照自己船的样子，制成模型，供奉在海神娘娘庙中，祈求海神娘娘保佑渔船平安。

（二）祭拜龙王

向龙王敬献供品，祈求鱼虾满舱，平安发财。

（三）祭船

由船主主持，先在船头上摆放供品，再在桅杆上悬挂并燃放鞭炮，最后在船头、船舱、船尾摆放渔灯并点燃。准备就绪后，船主点香烧纸，率领众人叩拜。

（四）祭海

由船主念着吉语，先向海里洒酒，再投放水饺、供菜，祈求"赶渔郎"（又名海夜叉、海夜神）为自己多赶鱼，使网满包，鱼满舱。

（五）放灯

祭海活动结束后，到海边放灯。遇风不顺时，将渔灯置于海边避风

图三　扭秧歌

图四　渔灯

图五　燃放鞭炮

处；遇风顺时，将渔灯放置于用高粱秸或木板制成的尺余长的船模上，顺风漂入海中。通过放灯的方式，将渔灯和船送给海神娘娘，祈求海神娘娘用灯指引渔船平安返航，用船搭救海上遇险的渔民。

（六）文娱活动

1. 庙前搭台唱戏，以京剧《空城计》等剧目为主。

2. 港口码头多以锣鼓、秧歌、舞龙等自娱活动为主。

渔灯节极大地提升了渔家文化的地位。起初，沿海渔民的习俗与陆地从事农耕的人大致一样，他们将陆地上的习俗沿袭到赖以为生、相依为命的船上。渔民们虽然以捕鱼为生，但仍摆脱不了对农耕文化的依附。随着历史的变迁，渔家文化的不断发展，渔灯节已具雏形，成为渔民习俗中不可缺少的重要组成部分。渔灯节的创始人们大胆创新，将渔灯节从传统的元宵节中分化出来，变成专属于渔民的节日，因而在某种意义上说，渔灯节改变了渔家文化对农耕文化的依附地位。

渔灯节是渔家文化的典型代表，它不仅是渔民的一项祭祀祈福活动，更是渔民民俗文化的重要组成部分，其鲜明的渔家特色，丰富的文化内涵，是其他传统民俗文化鲜有的。20世纪80年代以来，渔民们大力弘扬渔家文化，使渔灯节更加繁荣，并成为渔民宣传推介渔家文化的一种有效载体。

祭孔大典

　　2006年，曲阜市的"祭孔大典"被山东省人民政府列入第一批省级非物质文化遗产名录，同年被国务院列入第一批国家级非物质文化遗产名录。2011年，李文广（男）被山东省人民政府批准为第三批省级非物质文化遗产名录代表性传承人。

　　孔子（前551—前479），名丘，字仲尼，春秋末年鲁国陬邑（今山东曲阜东南）人。我国古代著名的思想家、教育家，儒家学派创始人。"祭孔大典"是专门用以祭祀孔子的大型庙堂祭祀乐舞，亦称丁祭乐舞或大成乐舞，发源于孔子的故乡——曲阜。曲阜是全国首批24个历史文化名城之一，曲阜的孔庙、孔府、孔林是世界文化遗产。

　　在中华民族尊天敬祖的祭祀活动中，祭孔亦是一项极隆

图一　孔子像

重的祀典。祭孔活动始于前478年，即孔子卒后的第二年，鲁哀公将孔子故宅辟为寿堂，开始了对孔子的祭祀。而在历史上，真正意义上的祭孔大典始于前195年，时汉高祖刘邦过鲁，首次以"太牢"（即皇帝祭天大典）祭祀孔子，将孔子祭祀活动升为国之大典。从此之后，历代皇帝对孔子的褒赠加封、膜拜祭祀日益隆重。

在孔庙举行的隆重祀典，两千多年来从未间断。祭孔大典在古代被称作"国之大典"，是集乐、歌、舞、礼四位一体的综合性表演艺术形式。在这种艺术形式中，人们通过表演"乐""歌""舞"来传达"礼"文化。自古以来，祭孔大典名目繁多，内容丰富，具有重大的文化和艺术价值。下面，我们将对"祭孔大典"的乐、歌、舞、礼四部分进行详细介绍。

图二　孔庙：杏坛

首先是"乐"。祭孔用的音乐是雅乐。所谓雅乐，即是源于虞舜时代的《韶》乐，《论语》中记载的"子在齐闻《韶》，三月不知肉味"，说的就是这种音乐，历史上又称这种祭孔的音乐为"箫韶遗响"。除了选用《韶》乐外，祭孔用的音乐还需要"八音齐全"。所谓"八音"，即指古代用金、石、丝、竹、土、匏、革、木八种不同的物质制作的乐器所发出的不同乐声，这八种乐声缺一不可。在古代，只有这八种乐音齐全的音乐，才能够称得上是大雅之乐，才能达到"敬天地""祀鬼神""和邦国"的效果。

另外，祭孔大典上祭祀乐章也根据祭祀仪程分为六章：迎神，奏《昭平》之章；初献，奏《宣平》之章；亚献，奏《秩平》之章；终献，奏《叙平》之章；彻馔，奏《懿平》之章；送神，奏《德平》之章。

其次是"歌"。祭孔大典中的歌，包含以下两个方面：一是歌词。据《阙里文献考》记载，祭孔大典的歌词最早是由隋代制乐官牛弘与蔡徵撰成的，他们在601年撰成歌词，后来被钦定用于祭孔大典，历代沿袭未易。歌词为"四言排句"，每篇8句，32字组成，共计6篇，其内容歌颂了孔子的丰功伟绩，抒发了缅怀追思、尊祖崇圣之情。二是演唱，在祭孔大典中，乐生演唱的主要特点是"永长"。这体现了"雅颂之声陈德"的要求。"永"，为"永声"，"永声"是人心里的纯阳之气凝聚所发出的纯阳之声，"必养之深，练之熟，识之精，然后有之"。"长"，指速度极慢。"一字一音"拖腔送韵，往往一人深吸一口气还唱不完一个字，须有人和唱，方能使尾声饱满厚重。故有"一唱一和""一唱三叹"之说。由此可见，祭孔演唱所需技巧之高、之难。

再次是"舞"。祭孔之舞承袭了夏代的《大夏》之舞，两者均为左手执龠，右手秉羽，并且在舞容、舞姿上也相近。另外，古代祭祀之舞按礼制有"六佾""八佾"之分。佾，指古代乐舞的行列。六佾即六列，每列六人。八佾亦然。"宫悬之乐，八佾之舞"的编制为天子用乐；"轩悬之乐，六佾之舞"为诸侯用乐。祭孔大典中的舞蹈，标准高、要求严，寓意深。凡舞向转势均有深刻含意；凡队形变化，皆具独特象征。比如："初变在缀之中，东西立，象尼山毓圣，五老降庭"。凡此种种，不一而足。对舞生的要求是，舞蹈动作应急缓得当、刚柔相济、动静有致，舞容典雅端庄、古朴大方，舞时要和顺积中、英华发外。

最后是"礼"。祭孔大典中的礼，主要是正献官、分献官、陪祭官及礼生所进行的"三献礼"。礼仪总的要求是"必丰、必洁、必诚、必敬"。在整个

舞生

敬

枧

图三　祭孔大典

祭祀过程中，乐、歌、舞是紧紧围绕"礼"而展开的。

历代皇帝重视祭孔，祭孔的礼器、乐器、乐章、舞谱等也多由皇帝钦定颁行。据统计，历史上，历代帝王或亲临主祭，或遣官代祭，或便道拜谒祭孔总计达196次。东汉永平十五年（72年），汉明帝祭孔时，将孔子与其七十二弟子一并祭祀；东汉元和二年（85年），汉章帝祭孔时，作"六代之乐"；北齐天保元年（550年），北齐文宣帝遣使致祭时，还规定了"三献之礼"；唐开元二十七年（739年），唐玄宗帝钦定"乐用轩悬，舞用六佾"；明弘治九年（1496年），明孝宗将"六佾"改为"八佾"，即天子用乐。清康熙年间，祭孔的乐、歌、舞、礼均由皇帝钦定。乾隆帝先后八次亲临曲阜拜谒孔子，并且把祭孔活动由每年秋季一次，增为春秋二次，后又增为"四大丁""四仲丁""八小祭"等。

1986年，沉寂多年的"祭孔大典"在当年的"孔子故里游"开幕式上首演，轰动全国，并波及世界，由此催生了中国曲阜国际孔子文化节，成为曲阜、山东乃至中国吸引世界的著名文化品牌。此后，历届中国曲阜国际孔子文化节所演"祭孔大典"均沿用了"轩悬之乐、六佾之舞"。

　　纵观祭孔大典两千多年的历史沿革，虽代有所变，然万变不离其宗，历朝历代无不循例而制礼作乐。传承和保护"祭孔大典"，对于弘扬中华优秀传统文化，营造和乐氛围，构建社会主义和谐社会，凝聚民族精神，具有不可替代的社会价值。它所阐释的民族文化和民族精神的精髓，将对中华优秀传统文化的弘扬与传承产生积极影响。

宁阳端午彩粽习俗

2006年，宁阳县的"宁阳端午彩粽习俗"被山东省人民政府列入第一批省级非物质文化遗产名录。

端午节，又称端阳、蒲节、重五、女儿节、诗人节、沐兰节等，是我国民间五大传统节日（春节、清明节、端午节、中秋节、重阳节）之一，在我国已经有两千多年的历史了。

关于端午节的由来，历朝历代有很多种说法，其中最常见的一种说法是人们为了纪念爱国诗人屈原而设立的。据传，前278年的农历五月初五，爱国诗人屈原投汨罗江自尽，深感痛惜的人们纷纷包粽子、赛龙舟来悼念屈原。后来，这些习俗便被继承下来，逐渐演化为今日的端午节。关于端午节的由来，还有另外几种常见的说法，如道教中的祭"地腊"风俗，以及纪念孝女曹娥，纪念介子推，纪念伍子胥等，这些不同的说法流传在各地，有不同的地域特色。

各地在端午节都会举行庆祝活动。但活动内容却并不相同。在山东省的中部、西南部，每到端午节这天，人们不仅吃粽子、扔粽子、吃鸡蛋，还在门口悬挂艾叶和粽子。这里所挂的粽子并不是人们所吃的食品，而是用丝线或七色线缠绕几何壳体而成的一种图案多样、色彩绚丽的手工艺品，当地人们称之为"吉祥彩粽"。每到端午，送彩粽便成为当地人互送平安、互道祝福的主要表现形式，家家户户、大人小孩，都会佩带彩粽。

宁阳彩粽及送彩粽习俗已有数百年的历史，宁阳彩粽是传统的手工艺品，来源于"缠画"，在其基础上发展成为今天的宁阳吉祥彩粽。由于宁阳彩粽制作精美、寓意深刻，在社会上有了很大影响，便形成了端午节送彩粽的习俗。关于宁阳彩粽的由来，还有一个美丽的传说：据传，清乾隆年间，宫里的宫女跟随乾隆皇帝来泰山拜山敬神，一次偶然的机会，她们将"缠画"手艺传给了当地王家画铺（当地有名的艺术世家）。因为这项手艺是用丝线、金银线缠绕不同形状的几何整体而成的，体现了皇家的尊贵，象征着吉祥平安，因此人们便称其为"吉祥彩粽"。后来，王家画铺把制作吉祥彩粽的手艺流传了下来。因为女孩子一般心灵手巧，王家画铺便更偏爱女孩。正是因为这样，吉祥彩粽的传承便有了"传女不传男"之说。

吉祥彩粽内壳为几何壳体，外围用七彩线缠绕，形状多样，色彩绚丽，表达各种寓意，并把香符、艾叶、白芷、菖蒲等放入几何壳内，使彩粽不但鲜艳夺目，样式美观，而且芳香怡人，醒脑健神。

最初，宁阳彩粽的制作比较简单，形体以棱形、三角形等为主，颜色也比较单一。由于当时社会动荡不安，因此，这一习俗只在宁阳及其周边地区传承和发展。后来，经过吉祥彩粽数代人的不懈努力，端午送彩粽以宁阳为中心，辐射和影响地区越来越广泛，还参加了历年泰山庙会和三孔庙会，同时彩粽的制作工艺也在不断得到改进提高和创新。

改革开放后，在宁阳吉祥彩粽第四代传人张富兰等人的努力下，端午送彩粽这个习俗更是焕发出新的生机和活力。特别是她们又对彩粽的制作工艺进行了改进和创新。首先，她们对香料进行了又一次筛选和加工，将香料中有香味但不驱虫的去掉，然后再做成液体，对丝线和七色线进行泡制，几何壳体内不再装固体香料，这样使彩粽更加香气袭人。1997年，张富兰应邀参加了北京国际民间民俗工艺展销会。在全国一百六十个民间工艺项目和几个外国工艺项目同时同地展出的展销会上，吉祥彩粽受到了中外人士的广泛欢迎与喜爱。

吉祥彩粽的制作与其他手工艺品的制作不同。一般手工艺品在制作之前要先画图纸或打模板，而宁阳吉祥彩粽则是制作者在心里有了成熟的想法，然后制作完成的。除此之外，彩粽在形体、色彩以及最后的缝合上，都有严格的要求，做出的花样不但颜色、形状要极为相似，很多花样还要讲究上下左右对称，并且在缝合时要不露针角，没有断线，没有毛刺，规整严密。所以说，宁阳吉祥彩粽看似简单的一缠一绕、一针一线，无不包含着制作者的辛勤和智慧。另外，宁阳彩粽的制作时间也不像人们想象的那么短，做一个彩粽至少要耗费一天的时间，有的甚至更长。目前，宁阳吉祥彩粽已由最初的一两种样式发展到30多种，每种样式又有很多不同的花色。吉祥彩粽体现了几百年来宁阳人民高超的手工技艺。其主要作品有：宫灯式大如意、莲花仙子、皇罗伞下站贵人、双穗荷包、六顺发财、才女织春、大五彩、小五彩、吉祥娃娃、同心荷包等。宁阳吉祥彩粽内容丰富，寓意吉祥，且样式美观，色彩斑斓，彩粽内的香料也有醒脑健神、驱除蚊虫的作用，深受大众的喜爱。

图一　宫灯式大如意

宁阳彩粽已有数百年历史。现在，宁阳乃至整个鲁西南地区，每到端午节，还依然保持着送彩粽的习俗。每年端午节，各家各户之间相互走动，相互送彩粽，并将彩粽悬挂在大门上，像宫灯又像风铃；挂在爱车里，陪伴着人们的出行；挂在大人、孩子的身上，大街小巷芳香怡人，喜庆气氛浓郁。现在，互送彩粽、互道祝福，送彩粽和赏彩粽已不仅是人们在端午节进行的一项民俗活动，它更流露着乡土之间浓浓的人情味。并且，宁阳端午彩粽习俗发生在以儒家文化为主流文化的齐鲁大地，更为此民俗增添了几分"和睦""友爱"的色彩。它不仅符合儒家文化中的"仁""义""礼""智""信"，更符合现代社会主义核心价值观中的"和谐"与"友善"，体现出鲜活的生命力。

　　每年端午节前后，宁阳县的大街小巷早早便挂满了样式美观、色彩斑斓、形式多样的彩粽，这些彩粽不仅给人以美的享受，烘托出节日的气氛，而且寓意深刻，深受大众的喜爱，是馈赠亲友的佳品。端午送彩粽习俗，在习俗礼仪、人际交往、工艺美术等方面都有一定影响。尤其是彩粽的制作集立体几何、中药、图案设计、手工制作于一体，具有很高的艺术价值和收藏价值，也具有一定的艺术研究价值和实用价值。

泰山石敢当习俗

　　2006年，泰安市的"泰山石敢当习俗"被山东省人民政府列入第一批省级非物质文化遗产名录，同年被国务院列入第一批国家级非物质文化遗产名录。

　　"岱岳美名五洲扬，千载神说接大荒，中华奇石数不尽，唯有泰山石敢当。"泰山石敢当历千年而不衰。泰山石敢当习俗在各地的传播过程中，除了普遍存在的石刻以外，还逐渐形成了不同版本的神话故事，在这些以石敢当为中心的泰山风物传说的基础上，结合本地的具体事物或者流行的宗教信仰，形成了丰富多彩的泰山石敢当的习俗，在民间广为流传。

　　关于石敢当习俗的起源有这样一段传说：相传，泰山脚下的一个村子里住着一个青年，姓石，名敢当。石敢当为人十分勇敢，而且同情穷人，在泰山一带很有名。一些被欺侮了的人常找石敢当替他们打抱不平。

　　泰安城南的汶口镇有户人家，一对老夫妻只有一个女儿。不知从什么时候开始，每到太阳下山以后，东南方向就会刮来一股妖风，钻进姑娘的闺房。天长日久，这个姑娘逐渐变得面黄肌瘦，非常虚弱。老夫妻找了许多医生也没有治好女儿的病。这时有人说："看来是妖气缠身，光吃药是治不好的。听说泰山上有个石敢当很勇敢，何不找他来想想办法？"老夫妻托人去请石敢当，石敢当听了后，说："这事好办，找十二对童男童女，一人一面锣。再准备一盆香油，把棉花搓成粗灯芯。再要一口锅，一把椅子，就足够了，我一定能把妖怪拿住。" 老夫妻把东西准备齐之后，把石敢当请来。只见石敢当把灯芯放在香油盆里，点燃了油灯，再用锅把盆子扣住，坐在旁边，用脚挑着锅沿。如此，屋里虽然点着灯，远处却看不到灯光。天黑了，随着一阵呼呼的响声，从东南方向窜出一股妖风。石敢当一脚踏翻锅，油灯立刻放出了耀眼的光芒。十二对童男童女同时敲响了锣鼓。妖怪一进屋，看见了灯光，听到了响声，赶快闪了出去，朝南方逃跑。这股妖风后来到了福建，继续为非作歹。福建的一些农户也被妖风缠身，患了重病。人们听说泰山有个石敢当能驱除妖怪，就把石敢当请到了福建。石敢当用老办法把妖怪赶走了……这妖风又逃到了东北，东北有些姑娘也得了重病，人们又把石敢当请到东北。

石敢当便想："我赶它一回，它就逃到别处，天下这么大，我怎么跑得过来呢？对，泰山有很多石头，我请石匠在石头上刻上我的家乡和我的名字——泰山石敢当，谁家闹妖风，就把这石头放在谁家的门外，妖怪便不敢进去了。"

此后，泰山石敢当降妖的事越传越远。于是，人们纷纷在石头上雕刻"泰山石敢当"五字，立于墙根、街巷、桥头、要冲，以保村宅平安。

传说毕竟是传说。其实，泰山石敢当习俗与我国古代灵石崇拜密切相关：泰山石敢当是古代灵石崇拜的发展和延续，信奉"石敢当"的民俗由来已久。山石被神话为人格是我国典型的民俗现象，属于中国的镇物文化。据西汉《急就章》一书载："石敢当……敢当，所向无敌也。"民间认为，坚石竖立在巷里路口，能镇鬼压灾。为什么"石敢当"会成为驱百鬼、灭百病、佑百姓，寄托人们美好愿望的图腾呢？原来，自古以来，石头被用于雕刻、造房、制造工具等，成为人们生存的重要物资，人们生活、生产均离不开石头。一些具有奇特形状、颜色和传说的，或处在特殊地理位置上的岩石，往往被人赋予灵性、神性而加以崇拜。由此产生了原始的石崇拜。此外，古时候社会生产力极端落后，人们的科学知识十分贫乏，人们无法理解和阻挡各种天灾人祸的发生，瘟疫、疾病、自然灾害横行无忌，无物可加阻挡。于是，古人就自然想到他们崇拜的坚石，并加以神化，赋予它有降邪镇鬼佑福的神力，"敢挡"一切邪恶。

于是，"石敢当"便成为老百姓祈求平安幸福的圣物。

泰山自古便被认为是"配天作镇"的，民间传有"泰山安则天下安"之说。泰山有镇乾坤的神威，泰山上的小石头也被认为有安定住宅、驱避鬼邪的效用。人们大概因此把泰山和石敢当联系在一起。

石敢当习俗经历了从"石敢当"到"泰山石敢当"的发展，它的功能也经历了从最早的"镇宅"到"化煞"再到"治病""辟邪"和"防风"等的转变。唐末，镇宅石上出现"石敢当"字样。据宋代人王象之《舆地碑目记》记载，宋代仁宗庆历年间，在福建莆田曾掘出一块唐代大历五年（770年）的石刻，上有石铭曰："石敢当，镇百鬼，压灾秧，官吏福，百姓康，同教盛，礼乐张。"这是国内出土的关于石敢当的最早的实物资料。

图一　泰山石敢当

明代以后，"石敢当"碑上又多了"泰山"二字。相传这"泰山石敢当"五个大字最初是由在道教圣地江西龙虎山上修行的张天师亲书的。五字为行书体，飘逸俊美，雄浑有力，气势连贯，刻于碑上，堪称书法珍品。"泰山石敢当"竖立于地，犹如泰山落地，神力无边，它借助泰山之神威，抵挡、镇压一切凶神恶煞、魑魅魍魉，保佑一方平安。且是天师所书，便更令人敬畏了。据清人俞曲园的《茶香室丛抄》书云："齐鲁之俗，多于村落巷口立石，刻'泰山石敢当'。"清代以来，泰山周边还出现了祭祀石敢当的庙宇——"石大夫庙"，同时还有庙会——"石大夫会"，且出现了相关年画。后来各地受此影响，也都竖立"泰山石敢当"碑。

泰山突兀耸立于华北大平原，雄伟神秀，为五岳之首。自古道"泰山安，四海安"。自秦始皇、汉武帝等皇帝封禅泰山后，泰山名闻天下，更为人们景仰。据历史记载，从秦始皇开始，先后有七十余位帝王到泰山举行封禅大典，

图二　泰山石敢当

迫至清朝，康熙帝曾三至泰山，两次登顶；乾隆帝也曾十次至泰山，六次登顶。帝王们在泰山上举行国家大典，向泰山朝拜，更给泰山蒙上了一层浓重的神秘色彩。因此，即便是泰山上的草木和石块也被赋予了某种灵性和神力，成为人们崇拜的载体。"泰山石敢当"是对泰山崇拜的拓展，石敢当因泰山而走遍天下，泰山石敢当成为泰山的和平使者。它从精神层面对炎黄子孙产生了巨大而积极的影响，并通过有形的石刻和无形的传说，把五岳独尊的泰山带到各地，凡是有华人的地方、凡是受到华人文化影响的地方便有"泰山石敢当"。

　　石敢当所表现的"平安文化"，表现了人们普遍渴求平安祥和的心理认知，这种文化现象具有表现中华民族文化创造力的杰出价值，体现了中华民族的人文精神。泰山石敢当信仰历经千年而不绝，得益于它与泰山信仰相结合，同时也与各地的民间信仰和民俗文化相结合。它扎根于民间，世代相传，具有鲜明的地方特色，也与特定地区的历史和传统具有紧密的联系，反映了该地区文化传承的特点和风格。石敢当信仰为中国广大地区和众多民族所认同并远及海外，它的传承从一个侧面反映了中华文明的历史延续性，具有见证中华文明生命力的独特价值。出于对泰山石敢当的尊崇，人们制作了大量精美的石刻。它们不但具有美学价值、艺术价值，而且具有重要的历史价值。

桃木雕刻民俗

2006年，肥城市的"桃木雕刻民俗"被山东省人民政府列入第一批省级非物质文化遗产名录。2009年王来新（男）被山东省人民政府批准为第二批省级非物质文化遗产名录代表性传承人。

肥城位于鲁中的泰山西麓，土地肥沃，气候温和，其桃树栽培已有两千余年的历史，为桃木雕刻民俗的传播和发展提供了良好的自然地理环境。

据古书记载，桃木雕刻民俗源于《淮南子·诠言》中后羿死于桃棒之传说。据说，羿以善射闻名，逢蒙拜羿为师，学习射箭，学成后却恩将仇报，举桃棒猛击羿的后脑。羿死后被封为宗布神，阅领百鬼，因此桃木避邪驱鬼之说便流传于后世。

而在传说中的五帝时期，黄河中下游各部落之间战争不断，各部落首领施展法术以战胜对手，最终黄帝借助神的力量打败蚩尤，统一中原。后来，黄帝便赋予桃木以神的灵气来驱鬼避邪。

至春秋战国时，桃木除凶驱鬼的民俗在百姓中流传开来。《庄子》中记载："插桃枝于户，连灰其下，童子入不畏，而鬼畏之。"《战国策·齐策》中又记载了一则土偶人与桃人对话的寓言，《左传》中则记载了鲁襄公到楚国去，遇上楚康王逝世，为不失礼，让巫师用桃荆祓除的故事。通过这几则故事可以表明，春秋战国时就有用桃枝御亡鬼的习俗了。

此后的秦汉时期，人们在除夕装饰桃木人来驱鬼。汉·应劭《风俗通义》明确记载："县官常以腊除夕饰桃人，垂苇茭，画虎于门……冀以御凶也。"随着汉代道教文化的形成与发展，道家把桃木作为驱鬼避邪的重要法器，广泛使用。《汉书·王莽传》记载，西汉末年王莽篡权建立新朝后，惧怕汉高祖神灵会来侵扰，于是"遣虎贲虎士入高庙……桃汤赭鞭，鞭洒屋壁"，这表明桃木汤可驱凶避鬼的传说在当时已广泛流传。这在民间演变为新年正月初一，合家同饮桃木汤来驱邪的习俗。至此，在中原一带奠定了最初的桃木雕刻民俗文化的基础，并广泛地流传。

隋唐时期，肥城的肥桃栽培技术相对成熟。据传从那时起，便有民间的能工巧匠把桃核雕刻为小佩件，戴在手腕以示得到佛祖的"保佑"之意。这时桃木精加工开始了。桃木雕刻民俗伴随着唐代文化的繁荣亦得到了较大的发展。民间出现了桃符趋吉避邪；道士以桃木剑为法器求雨、驱蝗、消灾；僧侣捻桃佛珠，修身养性；妇女吃桃仁驱难产之鬼等各种习俗。

五代时，桃符有了新的发展。后蜀的宫廷里开始在桃符上题写联语。《宋史·蜀世篇》：后蜀国君孟昶命学士题桃木板，以其非工，自命笔题云："新年纳余庆，嘉节号长春。"这是我国最早写在桃板上的一副春联。

到了宋元时期，人们对桃木的加工、运用提高到一个新的水平，并赋予了新的民俗文化内涵。北宋大政治家王安石的《元日》诗："爆竹声中一岁除，春风送暖入屠苏。千门万户曈曈日，总把新桃换旧符。"真实地反映了宋朝人在春节时家家户户换桃符，以示辞旧迎新的场景。桃符是以桃板避鬼的发展和完善。此时，桃木雕刻民俗不仅仅局限于驱凶避邪保平安的含义，而且被赋予了吉祥、喜庆、祝祷等全新的象征意义。其形式更加多样，文化内涵更加丰富。

元末明初，中原大地战事不断，瘟疫蔓延，连年灾荒，民不聊生。此时人们非常渴望安居乐业的社会生活环境繁衍生息。桃木雕刻作为民俗文化的载体，正是适应了人们这种生活信念，得到了迅速发展和广泛的传播，被人们奉为瑞气盈门的吉祥之物"请"回家中，以保家人祥和安康，瑞示吉祥。

明清时期，随着肥城的桃树栽培技术更加成熟，桃木雕刻也愈加盛行。明末魏学洢所著《核舟记》和清康熙年间宋起凤编写的《核工记》都生动形象地记述了当时桃核雕刻技艺的精湛与成熟。与此同时，伴随着造船工业和航海技术的快速发展，国际经济文化的交流日趋频繁，这种交流有力地促进了中国传统工业和传统文化的发展，桃木雕刻民俗进入全盛时期。据传，明代永乐年间，三宝太监郑和从1405年开始七下西洋，历时28年。随行人员大都佩带桃木雕刻佩饰，他们在寻求神灵保佑的同时，也把这一民俗文化传播到东南亚、中亚、中东以及非洲东海岸等30多个国家和地区。

肥城桃木雕刻制品样式繁多，种类齐全，大到数米，小到几毫米，图样各异，具有不同的象征意义和观赏价值，其制品大体可以分为以下几类：首先是避邪类，包括桃木剑、桃木斧、桃木梳子、桃符、桃木人、桃印、桃木貔貅、桃木碗等；其次是吉祥类，包括桃木如意、桃木摆件、桃木龙凤呈祥、天官赐福、桃木牡丹、桃木泰山北斗、桃木葫芦、桃木一帆风顺、桃木鸡、桃木喜鹊登枝、桃木麒麟送子等；再是长寿类，包括桃木佩饰、桃木五福寿、桃木福寿双全、桃木松鹤延年、桃木八仙庆寿、桃木松鹤寿星等；另外是实用类，包括桃木镇纸、笔架、笔筒、风水镜类、桃木龙凤镜、桃木平安瓶、桃木僧头、桃木台式镜、桃木中国节、桃木富贵鱼、桃木大钱币、桃木双龙、桃木大双龙、桃木神龙戏水等；其他还有台屏一品清廉、龙珠工艺系列、桃木竹子系列、桃木梅花系列、桃木文财神、桃木武财神等。

图一　桃木剑

图二　桃木如意

图三　桃木龙凤呈祥

肥城桃木雕刻历史悠久，文化内涵深厚，具有强烈的民俗色彩，寄托了人们向往平安、幸福、吉祥、长寿等美好的生活信念，是春节、端午等重要节庆活动不可或缺的吉祥物。经过长期的文化积淀，人们对桃木制品赋予了丰富的象征意义。如农历春节门两侧悬挂桃符，或下书左郁垒、右神荼，或写春词，或书祝祷之语，寓意驱鬼避邪，除旧迎新。农历五月初五即端午日五更，民间习惯在此时采摘东向的山桃枝回家避邪，故有"三五充阳辰，东桃制百鬼"之说，取东向桃枝是因为民间认为其阳气最盛。桃枝拿回家，一方面用于悬挂避邪，一方面则煎汤治病。另外，端午节还有使用单枝桃印符或佩戴小桃剑避邪之说。

　　桃木雕刻民俗历史悠久，传播广泛，与人们的生活联系密切，在民俗文化中独具内涵，是中国传统民俗文化的宝贵财富。桃木味辛、气恶，故能压伏邪气，并且有镇家宅，除凶祸，宜子孙，保平安，福盈门，寿百岁之说。这种说法在我国广为流传，尤其北方更甚，形成了桃木雕刻特有的民俗文化内涵。在人们的潜意识中，桃木雕刻大型挂件、摆件能平抑人们的心气，陶冶人们的情操，消忧驱愁，镇邪疏运，使人财兴旺。孩子把肥城桃木雕刻佩饰系在手

图四　《泰山周刊》刊载的《源远流长的桃木文化》

图五　肥城桃木雕刻民俗第六代传承人王来新，被泰安市
"东岳泰山研究中心"聘为研究员兼《泰山研究》编委

腕或挂在脖子上，可消灾驱邪，健康成长。姑娘系在荷包上，可青春永驻，心地善良。老人系在身上可健康长寿，儿孙满堂。

　　历史证明，桃木雕刻与人们的社会生活、传统俗信紧密地联系在一起，集民俗、观念、装饰、艺术、观赏于一体，早已成为人们精神文化生活的重要组成部分，并影响到海外华人。2009年，肥城桃木雕刻民俗研究会会长王来新被山东省人民政府批准为第二批省级非物质文化遗产名录代表性传承人。

　　桃木雕刻民俗融道教文化、佛教文化、儒教文化精髓于一体，引导人们行善积德，和谐共处。因此，这一独特的民俗文化，对继承和弘扬中华优秀传统文化，构建社会主义和谐社会具有重要的现实意义和历史意义。

泰山东岳庙会

泰山东岳庙会发源于山东省泰安市境内的泰山，它源于民间的泰山崇拜和东岳大帝、碧霞元君信仰。

东岳大帝古称泰山神，其记载始见于汉，当时有歌谣曰："上泰山，见神人……驾蛟龙，乘浮云……"（汉·《泰山镜铭》）泰山神的影响逐渐渗透到社会的各个层面，不仅皇帝会封禅泰山，全国各地的百姓也开始慕名到泰山朝拜。至唐代，唐玄宗于开元十三年（725年）封禅泰山，封泰山神为"天齐王"。这一时期除了皇帝封禅外，皇室还频繁修斋建醮，祭祀泰山之神，泰山神的信仰进一步扩大。宋代，宋真宗晋封泰山神为"天齐仁圣王"，后又加封为"天齐仁圣帝"，决定三月二十八日为每年诞辰庆贺日，促使泰山东岳庙会形成定制。元代，元世祖于至元二十八年（1291年）再次晋封泰山神为"天齐大生仁圣帝"。由于皇帝的推崇，泰山神地位变得更加显赫，职司也更加明确，拥有主生与主死两大职能。泰山神之主生亦主死的职能是泰山信仰的基本反映，正是这主生与主死的职能及其观念的延伸，使泰山神成为大则安邦治国，小则保民平安，阳管福禄厚薄、贵贱高低，阴掌万鬼之府、轮回报应的神祇。

宋代以后，泰山女神碧霞元君开始崛起，民间亲切地称之为"泰山老奶奶"或"泰山娘娘"，成为泰山另一主神。泰山娘娘在民间有着崇高的威望，她作为妇女的信仰偶像而产生，继而走向社会各阶层，尤其是到了明代以后，由于最高统治者的参与，碧霞元君信仰迅速扩展到全国。民间认为，碧霞元君有着和蔼慈善的形象和大慈大悲的心灵，主要职司是送生保育，祛病防疾，有求必应，庇护众生。

图一　东岳庙会

泰山东岳庙会融宗教文化、民俗文化、商业贸易、民间游艺竞技、民间曲艺活动为一体，是历代信仰民俗、经济民俗、民间文化生活的集中反映。人们多来此祈福还愿，贫者求富，疾者求安，耕者求岁，贾者求息，祈生者求年，未子者求嗣。如果祈愿最终得到了满意的结果，就要还愿报答。还愿报答的方式也是多种多样的，如捐资修庙、挂袍送匾、铸送香炉、植树造林等。而更多的是基于中华民族的传统，祈求国泰民安、风调雨顺。

随着东岳大帝和碧霞元君影响的扩大，前来朝山进香的香客越来越多。香

客来泰山进香，或许愿或还愿，均
为自发。当有着相同信仰的人增多
并为了一个目的成群结队活动时，
群众性的民间组织——香社便产生
了。东岳庙会的香社，源于汉唐，
兴于宋代，至明清进入全盛时期，
延续至今。香社由一村或数村香客
组成，人数少则十几人、几十人，

图二　香炉前许愿还愿的香客

多则成百上千人。香社的组织发起人称"香首""会首""善首"，由当地德
高望重的人担任。香社有一套完整的组织礼仪制度，一般是先商定进香日期，
准备香礼，如神袍、钟鼓、旗幡等。动身之前要举行仪式，一是祈求一路平
安，二是给碧霞元君（民间称"老奶奶"）"报个信儿"。最普通的是烧上一
炷"信香"，隆重些的还要"演社"，即抬着碧霞元君圣驾，沿街烧香游行，
告知全村镇的人赶会的队伍就要出发。香会的队伍大都奏锣鼓之乐，相伴前
行，并打着自己的旗号，每经过一处村庄便要鼓乐齐鸣、燃放鞭炮。到了泰安
后，先行礼于东岳庙，后到碧霞元君祠献礼。明清时期《金瓶梅》《醒世姻缘
传》《聊斋志异》《阅微草堂笔记》《老残游记》等文学作品对此都有较详尽
的描写。泰山记录此事的石碑则更多，例如红门宫北就有进香石碑30余块，其
内容大都是记载庙会香客求神、建醮、进香、还愿、题名等事宜。泰山保存至
今的进香碑约有360余处，立碑者南至福建、北到黑龙江，涵盖了全国20多个
省市。

　　泰山东岳庙会期间，商贸交易十分兴隆。市场以东岳庙为中心，向四方辐
射，各种店铺密密麻麻，百货杂品、礼品供品、风味小吃、地方手工艺品等应
有尽有，令人目不暇接。

　　宋代时，泰山东岳庙会已经非常热闹，"一百二十行经商买卖，只客店
也有一千四五百家，延请天下香客"（《水浒传》第七十三回）。至明代，规
模更大，"棂星门至端礼门，阔数十亩，货郎掮客，杂错其间，交易者多女人
稚子"（明·张岱《岱志》）。到了清代，碧霞元君圣诞之时，"天下的货物

都来赶会，卖衣服、首饰、玛瑙、珍珠，甚么是没有的"（《醒世姻缘传》第六十八回）。民国时期，冯玉祥曾对泰山东岳庙会作过考察，并作风俗诗配画——《庙会的市面》：

赶庙会，开市场，各种货物来四方。

有洋货，有土产，还有大喝小吃馆。

这一边，摆面摊，台凳饭桌都齐全。

爹揉面，娘烧炉，生意买卖儿照顾。

那一边，更热闹，汉子张口大声叫。

酸梅汤，荷兰水，价钱便宜味鲜美……

泰山各庙内均有戏台，唱大戏是庙会中最为隆重的娱乐活动，民国初年已有京剧演出。还有各种地方戏曲及曲艺的演出，如梆子、柳琴、大鼓、莲花落子以及快书等，另有皮影、拉洋片、杂技、硬气功和魔术。此外还有好多民众参与性的活动，如舞龙、舞狮、抬芯子、划旱船等。民国时期的庙会期间，曲艺活动异常活跃，演出场所有茶馆、茶棚近十家，连同撂地说书的不下20余处。著名的梨花大鼓女艺人谢大玉，13岁随父谢其荣在泰安岱庙唱红，人称"十三红"。山东落子名家"小胡椒"李合钧和女艺人傅大玲等，都先后在此演出。其后还有著名的民间曲艺表演家高元钧、傅永昌、于小辫、甄瘌子等。

图三　谢大玉，山东大鼓著名演员，是在泰山庙会上成长起来的，第一次登台便赢得满堂喝彩，名动一时

著名的段子有《武二郎大闹东岳庙会》《呼延庆打擂》《刘墉私访》《武松传》等。其中，于小辫最拿手的是《蛤蟆传》，他的腔韵富有变化，有"九腔十八调，七十二哼哼"的说法，赶板夺字，优美动听，南腔北调，惟妙惟

肖。甄瘸子（甄玉峰）常说的是《七侠五义》，他手中拿一把大折扇，就当作枪、刀、剑、戟等十八般兵器用，口技好，能表现出各种声响，尤其是兵器之声，给来赶会的人留下了深刻印象。

泰山东岳庙会自古有不同形式的体育活动，大多为竞技性的。如武术擂台赛，宋代文学作品中就曾生动地记载过燕青打擂的故事。所谓"打擂"，实际上就是古代以相扑为主的武术比赛。两宋之际，城市经济有了较大发展，各种民间文体活动广泛开展起来，"擂台争跤"即是民众喜好的一种体育形式。每当盛大节日，上至官绅，下至黎民，都要举行各种各样的相扑表演或比赛。泰山东岳庙会的擂台赛就是当时最著名者，宋至元明，五百年中盛行不衰，一时佳话传遍四方。除了相扑之外，捶球、蹴鞠等比赛活动有时也在庙会期间举行。

泰山东岳庙会是我国乃至世界庙会文化中的典型。它发自民间，特色鲜明，规模盛大，内容丰富，会制规范，辐射全国。它集中体现了中华民族特有的生命观念、价值观念、道德观念、哲学观念和人生观念，在某种程度上讲，是中国文化的缩影，对传承中华优秀传统文化具有重要价值。

泰山封禅与祭祀习俗

2006年，泰安市的"泰山封禅与祭祀习俗"被山东省人民政府列入第一批省级非物质文化遗产名录。

泰山，被誉为中华"神山""圣山"和"中华民族历史文化的缩影"，自古就有"泰山安则四海皆安"之说。"泰山封禅与祭祀习俗"是泰山最重要非物质文化遗产之一，历史之悠久、规模之宏大、内涵之丰富，使之成为中国乃至世界上独一无二的精神文化现象，其影响以泰山地区为中心，遍及全中国及周边国家。

封禅是中国古代帝王在泰山举行的一项祭祀天地神祇的活动。远古时期，人们便有崇拜山川的习俗，上古帝王亦有郊祀天地、柴望山川的礼制。封禅祭祀即是古代大山崇拜与郊祀天地的发展和嬗变。泰山雄踞东方，巍峨耸立于华北大平原，在古代被认为是"万物之始，交代之处"，因而被推为五岳之宗。泰山为"天地交泰"之处，登泰山筑坛祭天被称为"封"，在泰山下的小山（名叫"梁父"）上祭地则被称为"禅"。《管子·封禅篇》云："古者封泰山、禅梁父者七十二家。"《五经通义》曰："易姓而王，致太平，必封泰山、禅梁父。天命以为王，使理群生，告太平于天，报群神之功。"据记载，到泰山封禅的帝王始于秦始皇，此后，在自秦至清两千多年的时间里，到泰山封禅告祭的帝王达十二位之多，至于历朝历代的遣官致祭，则更是不胜枚举。

郭沫若先生评价说："所谓东方主生，帝出乎震，于是泰山便威灵赫赫了。自秦汉以来历代帝王封禅，也就是向泰山朝拜。比帝王还要高一等，因而谁也不敢藐视泰山了。"

宋代以降，官方与民间对泰山的祭祀崇拜并行，泰山封禅祭祀礼仪由起初的祭天地演变为祭东岳泰山之神和碧霞元君。在民间，关于泰山神和碧霞元君的信仰习俗也在明清时期达到鼎盛，全国大部分地区都设立了东岳庙或碧霞元君行宫。（见本书《泰山东岳庙会》的介绍）

泰山封禅与祭祀习俗源于中国原始宗教的自然崇拜，是在自然崇拜的基础上逐渐形成的一种宗教典礼，而作为一种祭祀天地的政治大典，却是由巡狩活动发展而来的。泰山封禅与祭祀习俗起源很早，《山海经》中已有多处祭岳的记述，但是尚未形成一种仪式化的典礼。较为定型的仪式化的祭山典礼，首见于上古帝王的"巡狩"。关于巡狩最早的记载见于《尚书·舜典》："肆类于上帝，禋于六宗，望于山川，遍于群神。""岁二月，东巡狩，至于岱宗。柴，望秩于山川，肆觐东后。协时月，正日，同律度量衡，修五礼、五玉、三帛、二生、一死。贽。如五器，卒，乃复。" 帝王山岳祭祀的形式，主要有"柴"和"望"两种。《尚书》中的"柴"，就是指在山顶上燃放柴火祭天。古人通过点燃柴火的方式，与天神进行沟通，以实现人类与大自然的情感交流。由此演变而来的历代帝王在泰山顶上筑圆台祭天，在山下筑方台祭地的"封禅"祭典，就成了泰山独特的历史文化现象。泰山脚下的天地广场正是依据"封禅"文化的创意而设计的：广场中央地面上是巨型的大汶口文化标志性图案，底部是山，中部是火，上部是太阳，它非常形象地记录了先民们在泰山顶上燃柴祭天的过程，是泰山封禅的滥觞。

民众的"大山"（泰山）信仰可追溯到原始社会末期，而民间的泰山神信仰则发端于汉代，在官方封禅祭祀活动的推动下，历朝历代的百姓均祭祀泰山神。在宋代，又增加了碧霞元君俗信。到了明清时期，民间的泰山祭祀达到高峰。时至今日，泰山庙会仍在继续，泰山封禅仿古表演也深受人们的喜爱与欢迎。

泰山封禅，最早有正史确切记载，而且有实物证据的是秦始皇。秦始皇统一中国后，为了维护国家统一，于前219年，率朝廷众臣来到泰山举行封禅仪式，并在泰山顶上勒刻了政治文告——俗称秦泰山刻石。有趣的是，秦始皇在登封泰山的途中遇到大雨，便在一棵大树下躲雨休息。此树也因护驾有功，当即被御封为"五大夫"。雄才大略的汉武帝刘彻是历史上到泰山封禅次数最多的一位皇帝，面对巍峨绵延的泰山，他不禁发出了"高矣！大矣！极矣！骇矣！惑矣！"的感叹。在前110年之后的二十余年中，汉武帝先后八次到泰山举行封禅仪式，并且在泰山下亲手植下了"汉柏"，在山顶立起了"无字碑"，在泰山东麓修建了"汉明堂"。当时随从汉武帝东封泰山的司马迁，在其《报任安书》中写下了"人固有一死，或重于泰山，或轻于鸿毛"的千古名句。

唐代，唐高宗在武后的提议和坚持下来到泰山封禅，随从除文武百官外，还有波斯、天竺、倭国、高丽等国的使节和酋长。后来，唐高宗、武则天还举行了历史上唯一的皇帝、皇后共同封禅的大典。

图一　泰山刻石

图二　泰山"五大夫松"

725年，造就"开元盛世"的唐玄宗李隆基来到泰山封禅。在封禅活动中，唐玄宗对原有封禅礼仪进行了改革，并在当时公开宣布了封禅泰山时秘而不宣的"玉牒文"，他的理由是：我来泰山的目的是为天下老百姓求福的，没有什么个人隐秘。这对封建帝王来说，实属难能可贵。

　　中国历史上，封禅泰山规模最大的皇帝是宋真宗赵恒。当时，宋真宗出于夸示外夷的意图，于宋大中祥符元年（1008年），从京城出发，千乘万骑浩浩荡荡来到泰山封禅。为了答谢"天书"，宋真宗建起了"天贶殿"，并且封泰山神为"天齐仁圣帝"，封泰山女神为"天仙玉女碧霞元君"。

图三　泰山天贶殿

　　宋代以降，泰山封禅祭祀礼仪逐渐由祭天地演变为祭祀泰山神——东岳大帝和碧霞元君，泰山祭祀习俗由此逐步从宫廷走向民间，逐渐从帝王一人独享走向世俗化、普遍化。民间关于泰山神的俗信也于明、清达到鼎盛，全国各地都建有东岳庙或碧霞元君行宫，作为大本营的泰山就更是盛况空前了。明代《东岳碧霞宫碑记》载："自碧霞宫兴，而世之香火东岳者咸奔走元君，近数百里，远即数千里，每岁办香岳顶者，数十万众。"

　　元、明以后，泰山封禅大典由"封禅"嬗变为"祭祀"，清代乾隆皇帝曾

图四　泰山祭祀道场

图五　仿宋真宗泰山封禅表演

经十次朝拜泰山，其中六次登上岱顶，泰山现有馆藏文物中，许多是乾隆年间的珍贵祭器。

在泰山封禅与祭祀习俗传承发展的过程中，非物质形态与物质形态相互结合，民间传说、表演、庙会及戏曲等表现形式，与泰山上下的秦刻石、汉柏、唐摩崖、双束碑、碧霞祠、岱庙、泰山三宝等文物古建、祭器共存，相互印证，积淀成博大精深的泰山文化。

泰山封禅与祭祀习俗源远流长，体现了我国古代"天人合一"等理念，在民间有广泛影响力，对中华优秀传统文化的传承与弘扬有着重要意义。

渔民开洋、谢洋节

　　荣成市隶属于山东省威海市，其下辖的院夼村依山傍海，缺少耕地，所以全村人民世世代代以捕鱼为生。传统的谷雨渔民祭海仪式是该村的一项重要的民俗文化活动，并先后被列入省级和国家级非物质文化遗产名录。

　　谷雨，是农历二十四节气中的第六个，也是春季的最后一个节气，是影响农耕的重要日子。"清明断雪，谷雨断霜"，谷雨节气的到来意味着寒潮天气基本结束，气温回升加快，大大有利于谷类农作物的生长，有"雨水利百谷"之意。而对于居住在海边的人来说，谷雨时节海水回暖，百鱼行至浅海地带，是下海捕鱼的好日子，所以有"骑着谷雨上网场"的俗语。院夼村由于所处的独特海洋地理位置及气候特点，每到谷雨这一天，深海的鱼虾等便遵循季节洄游的规律纷纷涌至院夼村南的黄海近海水域，渔民因此有"鱼鸟不失信""谷雨百鱼上岸"之说。为了祈求平安与丰收，渔民出海之前都要举行隆重而盛大的仪式，虔诚地向海神献祭。

　　渔民祭祀仪式是院夼村渔民在长期的海上作业的习俗中形成的以祭祀海

图一　海神庙

龙王为主要内容，含有历史、宗教、民俗、艺术等诸多文化元素的传统民间文化活动。若要追溯它的起源，据史料记载，早在五千多年前的春秋时期，院夼就有海上捕鱼活动了，1970年荣成市出土的独木舟，说明渔民节祭祀仪式至少也已经有两千多年的历史。在生产资料匮乏，生产方式比较落后的时代，渔民们盲目迷信自然力。他们认为万物有神灵主管，福祸是不以人的意志为转移的，从而产生了海神信仰。那时，海边村村都有海神庙或娘娘庙。为了祈求海神保佑他们的海上生涯一帆风顺，归来时能够鱼虾满舱，院夼渔民在每年出海的前一天，都会向海神献祭，之后，休息了一冬的渔民便开始整网出海，一年一度的海上生产由此开始。因此，渔民祭祀仪式也被视为渔民出海捕鱼的"壮行节"。早年间，捕鱼工具控制在渔行手中，渔民受雇于渔行，所以渔行便在谷雨这天举行祭海、祭海神活动，一来祈祷平安丰收，二来团结渔民。20世纪80年代以来，祭祀活动的规模越来越大，内容越来越丰富，一直延续至今。

渔民祭祀活动分三天进行。第一天，准备祭品。同一条船的渔民共同准备带皮去毛的肥猪一头，用腔血涂红，簇一朵大红花拴在猪头上，还有白面大枣饽饽十个，烧酒一瓶，鞭炮几串，香纸一宗。单个家庭祭拜一般用猪头代替整头猪，没有猪头就用蒸制的猪形饽饽代替。由于这些祭品都是要上呈给海神的，代表了全村渔民对神明最大的诚意，也决定了这年是否能够风调雨顺、鱼虾满舱，所以千万不能马虎，一切都要足份足量，挨个儿点清楚，洗干净。第二天即谷雨前一天的下午，出海渔民陆续收网上岸，抬上肥猪，带着祭品来到龙王庙或海神娘娘庙前，先摆贡品，再放鞭炮，就像又过了一个春节一样。火柴将鞭炮一头的引线点燃，接着牵三挂四而去，迸发出震耳欲聋又充满激情的声音，火热的温度在那根引线上传递，就像是节日的快乐与美好的祝愿在院夼村的人们之间传递一样。这时，那一根小小的火柴点燃的已不仅仅是一串红鞭炮，更是全村人民对于生产劳动的万分热情，对于朋友亲人的诚挚祝愿和对于新的一年里生活的美好期盼。放完鞭炮，接下来的一项活动就是烧香磕头，面海跪祭。海神庙前祭祀完毕，又带祭品来到海边，举行祭海、祭船活动。如果家里有男人出海未归就由女人代祭。面对大海，院夼村村民心中感受着无限的踏实与自信。因为他们深深地信任着千百年来守护着他们的神明，相信用自己的诚意换来的一定会是海神格外的护佑。面对大海，他们已不再是对未知的探索者，而是对强大力量的挑战者。第三天即谷雨当日，全村渔民会休息一天，因此谷雨也成为渔民的欢乐节日。大家欢聚一堂，席地而坐，大碗喝酒，大块吃肉，划拳行令，直至深夜。这是一场整个村子的大联欢，不分男女，没有长幼，都在这时表达出自己在这一年里最大的诚意。推杯换盏间沟通了彼此

图二　作为祭品的白面大枣饽饽

图三　在海神庙前摆好供品

图四　渔民们在海神庙前烧香磕头

的情义，欢声笑语里饱含了生活的甜蜜，手舞足蹈中传递了对未来积极向上的精神力量。这项活动也是院夼村淳朴豪放的村风得以保存、流传至今的重要原因。

院夼渔民把海上生涯的平安和收获寄托在对东海龙王的崇拜之上，谷雨祭海成了人们祈求庇佑的节日。这种祭祀仪式是传承了两千多年的地方民俗文化，已深深地印在渔民的生活观念之中，它成为渔民出海作业的精神支柱，并形成了一种信仰。同时，这种活动也增强了渔民之间的团结奋进，起到了凝聚人心的作用，使渔民们树立了战胜惊涛骇浪的信心。所以，这一活动在当地渔民中具有非常大的影响力。

渔民节

　　2006年，日照市的"渔民节"被山东省人民政府列入第一批省级非物质文化遗产名录。2008年，被国务院列入第二批国家级非物质文化遗产名录。

　　日照地处黄海之滨，沿海一带的两城镇、石臼所、裴家村、涛雒镇、岚山头等村、镇自古以渔业为生，并有祭海的习俗。在日照市东港区的裴家村村南有座龙王庙，是当地渔民每年进行正式祭拜的重要场所。渔民节是日照渔民在独特的自然地理、人文环境及长期生产生活中形成的特色的传统民俗活动，历史久远，是沿海渔民共同的节日。

　　据民间传说，海洋里有一种非常罕见的鱼叫"鳐"，它身体庞大，非常凶残，而且寿命极长，经常危害四方，扰乱周围的渔民，使当地的黎民百姓不得安宁。为了生存，渔民们每年都在年初用一些丰厚的供品来祭拜"鳐"。但因"鳐"生性凶残，渔民们只好四处躲避以免受其害。后来这件事惊动了龙王，龙王为了保护当地的百姓，禀告玉皇大帝，奉旨收服了孽鳐。为了感谢龙王的保佑，沿海渔民每年都要举行祭拜活动。

　　据《日照县志》记载，裴家村始建于明洪武二年（1369年），村民祖祖辈辈以打鱼为生。起初，几家人合养一条木帆船，人工掌舵摇橹，出海打鱼全凭经验，危险性很大。当地渔民相信龙王是海神，护佑四方百姓，所以就

图一　修补渔网

拜祭龙王，祈求渔业生产平安丰收，久而久之，渐成习俗。农历六月是渔业生产淡季，渔民们趁这段时间修船补网、切磋生产技艺；又传说农历六月十三是龙王生日，于是渔民们在这一天搞庆祝活动，祭拜龙王，祈求人福舟安。

清光绪十四年（1888年），裴家村的先辈们依照敬神求安的习俗，在村南沿海边修建了占地约1.5亩的龙王庙。每年农历的六月十三，渔民们都杀猪宰羊到庙里祭海神龙王，船老大们请来道士做法事，同时请戏班子在庙门前搭戏台，唱三天大戏。附近村庄和几十里路以外的渔民也都赶来祭拜。在此期间，船老大们还聚在一起抽签抓"行地"，划分来年下海作业的区域。从此，"六月十三"成了渔民们固定的节日。

改革开放以后，沿海渔业生产兴旺发达，渔民节庆祝活动再度热闹起来，也更加丰富多彩。1995年春至1996年夏，由沿海渔民共同出资，海外华侨、台胞和社会各界出资鼎力相助，对龙王庙进行了重修。1996年农历六月十三日，

图二　龙王庙

在新落成的龙王庙里，裴家村的渔民们隆重举行了一场盛况空前的渔民节庆祝活动，不仅使古老的祭海活动得到传承，还对弘扬渔家传统文化起到了积极的推动作用。

参加渔民节活动的人员包括从事海洋捕捞作业的人员和进行浅海养殖的人员，即所有从事与海洋渔业生产有关的人员及其家属。渔民节的活动内容极为丰富，包括开光、敬龙王、敬海神娘娘、拿行、跳水族舞等活动。渔民节各项活动结束后，船老大们还要聚在一起，边喝酒边交流，谈春季的收成和秋季的打算，以及生产中的感受和须注意的事项等。接着渔民们还举行跳水族舞等民俗节庆活动。

一、开光。农历六月十三，要为新建渔船举行下河仪式。开光是渔家盛事，仪式最为隆重。新船落成，亲朋好友送红旗祝贺，旗幅六尺，取六六大顺之意。贺旗少则数十，多者逾百。船主在天亮前到船上焚纸、放鞭、烧香，将红绿布条悬挂于船头；备两只大公鸡，一只在船头处开刀，鸡血从"船眼"流下，染红船头，俗称"开光"，又称挂红。岚山一带渔民称此举为"灌带"，亦称"染龙眼"，意思是该船下水后像龙一样，眼睛睁得又大又亮，不论白天、黑夜，起雾、下雨，都能看得清、多打鱼，并处处得到龙王的保佑。取鸡血开光，意在借鸡的谐音，喻"大吉大利"之意。另一只公鸡放掉，谓之"放生"，意为即使遇上海难也可免于一死。开光后，新船即可试航，俗称"下河"。下河时，要烧香、焚纸，大放鞭炮，插上亲朋送的贺旗，也有的插上竹扎摇钱树。一切就绪后，亲朋邻里聚集海头，欢送新船下水。新船下水后，船上渔民还有许多禁忌：酒盅、饭碗、盘子不能倒扣在桌子上，筷子不能放在碗上，遇到东西翻过来了，不能说"翻了"，要说"打个张"。

图三 下河

二、敬龙王。六月十三日渔民节这天渔民们要杀猪宰羊、蒸饽饽，准备各种糕点、水果等供品；在龙王庙里和各自的渔船上张贴对联、悬挂彩旗。渔民们抬着披红戴花的猪羊和各家准备的供品，一路敲锣打鼓、鸣放鞭炮，在秧歌队、旱船和围观的群众簇拥下来到龙王庙。上午八点，祭拜活动开始，鞭炮齐鸣，锣鼓喧天，彩绸飞舞，船老大们把各种供品摆放在龙王殿前，依次烧香磕头，叩拜龙王。

三、敬海神娘娘。以前有一种大风船，船上供有海神娘娘，在船尾设有香案，供三杯酒。出海时，船老大站在船面上，口含清水朝东南方向漱一次，再进舱为海神娘娘上香敬酒，口中念念有词，祈求风平浪静。如今龙王殿一侧设有海神娘娘殿，祭拜活动都在龙王庙与祭祀龙王同时进行。

四、拿行。亦称"抓行"，是渔民节一项最为重要的内容。据传，清代道光年间，戴家村人首倡"拿行"之举，得到周边渔民的响应。近海渔场的鱼多少不一，民谣道："拿了老虎头，吃喝都不愁；拿了金盒底，不种稻子也吃米；拿了下边外，潭漂（浮子）、蛏子一起卖。"因此渔民在每年的六月十三，以抓阄的方式来确定各自的"行地"（即渔场），称为"拿行"或"抓行"。过去没有定位仪器，渔民根据目测，以自然景观为基准坐标，分出能看见"河山"的海区，能看见"嶝山"的海区……诸如此类像分地一样划分渔场，并起上名字"老虎头""老虎脚""鲤鱼池"等。六月十三，船老大们还凑份子请民间的戏班子唱戏，有京剧也有地方戏（周姑子戏、柳琴戏），京剧剧目常演的有《钓金龟》《杨门女将》《四郎探母》《西厢记》等，地方戏有《张郎与丁香》《墙头记》《小姑贤》等老百姓喜闻乐见的剧目；同时还有秧歌、旱船表演，使演出更加丰富多彩。

"拿行"在石臼所海区率先实行，后推及沿海渔村。拿行的仪式由公推的艄公主持，裴家村一带由请来的道士主持，一般在龙王庙进行。在近海下大网（又称坛子网）的船主，都参加抓阄。六月十三日下午，船老大们聚在龙王庙，由公推的老船长或道士晃签决定抓阄的次序。各船主的姓名均写于竹签上，装在竹筒中，晃出一个竹签，此人拿去"抓行"。"行地"（即渔场）写于纸上，装在一截芦苇管内，用红纸包裹，全部放在升（一种计量粮食的工具）内，用红布将升蒙好，放于庙内神台上。渔民从升内摸出"行地"，再将"行地"登记到账簿上，此账称"行账"，以备查验。当晚吃水饺，同一村不下海的人家也吃水饺。相沿成习，渔村形成了六月十三这个独特的节日。

五、跳水族舞。在渔民节这一天，渔民们要跳极具地域特色的水族舞。水族舞造型多是鱼鳖虾蟹蚌，服装制作采用竹篾、白绸布或绵纸扎制，再用彩笔勾画。水族舞的表演大致分两种形式：其一是即兴表演，众多男女各依喜好，选择一种水族造型套在自己身上，随着锣鼓、唢呐等音乐，模仿水族的各种姿态手舞足蹈，其步伐多采用戏曲台步或秧歌步。其二是带有剧情的表演，表演时不仅有水族的造型，而且还有人物的造型，通过人与水族特有的联系和特定环境，表现相应的故事情节。常见的带有剧情的水族舞表演有：《鹬蚌相争》《渔翁与蚌精》《哪吒闹海》《水漫金山》等。由于水族舞运用拟人手法，情节曲折生动又贴近生活，它比即兴表演水族舞更具魅力。

渔民节这种自发的民俗活动是渔民祭海形式的集中体现，已深深植根于当地渔民心目中，历经世代演变，发展到今天成为渔民固定的节日，饱含了渔民对大海的浓厚情感，其核心内容是对大海的敬畏和崇拜，表达渔民祈求人福舟安、渔业丰收的愿望，具有较高的文化价值。渔民节对于沿海渔民祭海习俗的传承与发扬，有一定的历史价值，对于研究海洋文化和渔家风情等也有着积极的民俗学意义。

胡集书会

2006年，惠民县的"惠民胡集书会"被山东省人民政府列入第一批省级非物质文化遗产名录，同年被国务院列入第一批国家级非物质文化遗产名录。

惠民县隶属于山东省滨州市，地处鲁西北平原。胡集镇位于惠民县东南部，距惠民县城26.5公里，东与滨州市接壤，西与清河镇为邻，南与魏集搭界，北与桑落墅毗连。在中国曲艺界久负盛名的胡集书会，就位于惠民县胡集镇的胡集村。

胡集镇是方圆百里内的大镇，地处交通要道，不仅生意兴隆，而且跑龙灯、扭秧歌、说书等群众文化活动也十分活跃。胡集书会也称为胡集灯节书会，始于元代，兴于明清，距今700余年。每到元宵节前后，五湖四海的说书艺人云集胡集，纷纷登场亮相，说书卖唱。

关于胡集书会的历史渊源，在民间有这样一种说法：有一年，从南边来的唱渔鼓的艺人与从北边来的唱落子的艺人闹起了矛盾，相持不下，难分胜负。第二年便各自约来了更多的同行艺人再次对垒，如此连续几年，艺人越来越多，影响也随之扩大，这就是书会之始。

在书会的发展过程中，艺人们慢慢地意识到，书会要扩大影响，艺术上互相竞争、交流是好事，但不能视同行为冤家，再说都是说书的，为了混碗饭吃，不能互相敌视对抗，应该和解团结，化干戈为玉帛。于是，书会逐渐演变为以联谊为主的自发性民间说唱艺术交流活动。艺人们后来约定，每年农历正月十二来胡集聚会，交流书目、传授技艺、交流情感、各续门户等。于是，胡集书会世代相传，发展至今。

除上述说法外，关于书会的渊源，也有人认为与宋代说唱艺术有关。根据史书记载，在宋代，我国北方民间流传着一种"说诨话"的说唱艺术，这是一种音乐与唱词相结合的说唱形式。到了宋朝末年之时，赵德麟又创造出一种叫"鼓子词"的说唱艺术。这时，"评话"在惠民一带尤为盛行，每年都在惠民城里有书会，说书艺人们聚在一起交流切磋。到元代初期，由于战乱，艺人们就把书会迁至惠民东南的胡集村。

最具生活化的说法是，胡集镇在周围方圆百里是最大的集镇，每年的正月十二也是春节后的第一个大集，周围老百姓为庆祝元宵佳节就前来置办灯具。因而，人们在灯节期间闹元宵，自发组织丰富多彩的传统民间艺术演出，如扭秧歌、踩高跷、抬芯子、说书、唱戏等。说书艺人为养家糊口，图个好场子，不怕路远，从四面八方来到胡集镇。久而久之，来的

图一　1984年胡集书会盛况

（图片来源：滨州市文化馆）

艺人越来越多，更多的人登台亮相，场面越来越大，年年如是，于是就形成了盛大的胡集灯节书会。

无论是哪一种说法，都代表了惠民胡集书会的影响力。胡集书会也是惠民文化生活的一个缩影，它不是一般的乡村集市，而是具有深远的文化情结的地方，是小村落里融合大智慧的民间艺术殿堂。

整个书会分前节、正节、偏节，前节就是在正月十二胡集大集以前，距此较远的艺人为了不误赶集聚会，提前几天赶到胡集，借宿在村民家，集体进行"望空""报门"等一系列联谊活动。自正月十二至十七是正节，也是书会的

高潮，艺人们聚集在镇东南的干沟附近，当众表演，街头巷尾人头攒动，方圆几十里甚至百里内，有许多村民代表前来请书，轮番观看，洽谈成功后艺人们便被聘往各村演出，村民拿走艺人的乐器为定，当日晚至十六连演四天，报酬丰厚。书会期间，每天上、中、晚三场书，连演数日。书会上，各种曲调扬声齐发，吸引着万千观众，人们把各个书场都围得水泄不通，从上午8点一直唱到下午4点，声腔委婉、鼓板弦歌、琴筝齐鸣。

书会兴盛时，除附近及本省艺人外，还有来自辽宁等地的外地说书人，各曲种艺人最多可达300余位，观众十多万。1983年以来，先后有上百位全国知名曲艺家莅前来观摩助兴。如：陶钝、罗扬、刘兰芳、高元钧等。

艺人们在胡集书会上各展才华，并在长期的交流聚集过程中，形成了以下规章：

1. 求予书目、以诚授艺。即交换书目，有求必应，并以诚实的态度传授与交流技法。

图二　1987年胡集书会盛况　　　　　　　　　　（图片来源：滨州市文化馆）

2. 介绍新徒、师承门户。即新收弟子，必须向艺人们介绍，以字排辈、拜谒相认，以示入行求艺，日后相助。

3. 严守行规、违章必处。即对违章者，在此办理教训、惩罚、除名等事宜，谓之"坐堂"。

4. 长故望空、示予承后。即书会前夕在此祭祀德高望重的已故长辈艺人，行称"望空"，颂扬其艺德，以示悼念。

5. 从尊纠理，睦处挚亲。即艺人们之间有了纠纷，长辈出面调解，使之消除隔阂，和睦相处。

惠民胡集书会是中国北方久负盛名的曲艺交流集散地。书会期间，各地艺人相聚于此，既有年过花甲的艺坛前辈，也有风华正茂的后起之秀。在几百年历史中，胡集书会得到了不断的丰富和发展，已经成为中国曲艺发展的一个缩影，囊括西河大鼓、梅花大鼓、木板书、毛竹板、沧州木板、评书、相声、山东琴书、山东快书、渔鼓、窑调、挎缰大鼓、河间大鼓、东路大鼓、数来宝

图三　近年胡集书会盛况　　　　　　　　　　（图片来源：滨州市文化馆）

等诸多珍贵的艺术形式，经典曲目有《杨家将》《岳飞传》《明英烈》《隋唐演义》《七侠五义》《武松传》《施公案》《三国演义》《三侠五义》《武林志》《李逵夺鱼》《武松赶会》等20余种，传统的曲目大都以礼义仁智信、温良恭俭让为主题，引无数人流连忘返。

惠民胡集书会是艺人自发形成的单纯曲艺交易活动，其历史久，影响大，不仅为曲艺艺人创造了交流联谊的平台，也形成了非常著名的民间习俗，体现了人们对新春的期盼和祝福，寄托了人们对美好生活的追求。胡集书会是世代说书艺人和当地老百姓心中的文化符号，促进了曲艺艺术的交流发展，丰富了群众节日娱乐生活，对文化的传播起到了积极的作用。

千佛山庙会

2009年，济南市的"千佛山庙会"被山东省人民政府列入第二批省级非物质文化遗产名录。

九月九日重阳登高赏菊的风俗在我国由来已久，坐落于济南市区南侧的千佛山便是济南及周边百姓重阳登高的首选。千佛山庙会是以民间信仰为基础，由民众自发组织、民间艺人和商家聚集而形成的群众性传统民俗文化活动，最早由"九九重阳登高"习俗发展而来。

隋唐时期，佛教盛行，千佛山重阳登高也逐渐渗透进宗教活动，更多的人在向佛上香的同时登高游玩，观赏艺术表演，购买食品艺术品，从中放松身心。

元代成宗年间，官府要求各州县在农历三月三、九月九的时候祭祀"三皇"。期间，千佛山僧人举办佛事活动，众多善男信女前往千佛山上香叩拜、祈愿还愿，并游山赏景、购买特产。各路商家借此商机，前往摆摊设点，进行贸易活动。由此，千佛山上正式形成三月三、九月九两大庙会。

到了清代，千佛山三月三庙会因被新兴的药市会（药王庙会）所替代而衰败，九月九千佛山庙会则得以保留。时至民国，登山赏菊、上香礼佛、交易采购、赏书听戏一度盛行，逛千佛山庙会成为济南及附近地区各界人士的一大乐事。每年庙会之时，济南商埠很多职员也可放假一日，以尽游兴。

　　1949年以后，千佛山庙会民俗活动规模愈来愈大，民间艺术内容也变得更加丰富，一度停办的济南药市会也并入千佛山庙会。

　　传统的千佛山庙会，位于千佛山及周边地区，规模最大的时候，曾远及今文化西路一带。如今，千佛山庙会的主会场位于千佛山景区内，其外围北沿今经十一路两侧（包括千佛山路至经十路段）、南到千佛山南坡、东达千佛山东路沿线、西至千佛山西路沿线。

　　千佛山庙会期间，通往山上的路上，人山人海，摩肩接踵，既有登高游玩的青年男女，也有虔诚的信佛者。沿途卖山货杂品、香烛元宝和日用百货的摊位鳞次栉比，卖烧饼、包子、馄饨的饭棚，高声吆喝着招徕顾客。此外，还有从事说书、唱大鼓、变戏法、吹糖人、捏面塑、剪纸、刻葫芦、石刻、年画风筝、蜡染等的民间匠人也前来参加庙会，展示各种式样的精湛技艺。20世纪80年代以后，每届庙会都会邀请全国各地具有浓郁地方特色的艺术团体来景区表演，如云南民族民间艺术团、河北承德普陀之光艺术团、中华鼓乐队、内蒙古乌兰牧骑演出队、云南民族歌舞团、贵州上刀山下火海剧组，等等。还有部分戏曲界的名人也粉墨登场，纷纷献艺，受到了赶会者的欢迎。

　　逛千佛山庙会，是济南人赏秋的快事之一。过去，九月初九这一天一早，济南各阶层人士都会赶去登山。时值深秋，天高气爽，山前山后，盛开

图一　民间艺人在表演剪纸　　图二　千佛山庙会上的民间小吃"周村烧饼"

的野菊烂漫似锦，清香扑鼻。因此，站在"赏菊岩"上观赏菊花，遂成登山的一大乐事。诗人朱照曾在《重阳节同人挈酒历山登高诗》中写道："闲招三两友，把酒醉南山。静喜高松下，香偎野菊间。"这首诗，正是古人重阳登千佛山的生动写照。至于为什么这一天要登高，据南朝梁·吴均《续齐谐记》载，东汉时有一个叫费长房的人，神通广大，能呼风唤雨、遣神捉鬼。有一天，他对徒弟桓景说："九月九日你家里将有灾祸降临，须早作准备。"桓景问："用什么办法可以免除这灾祸？"长房告诉他："这天，你全家人各做一个红色布袋，装上茱萸，挂在胳膊上，再带些菊花酒到高山上去，即可避免这场灾祸。"桓景听了师傅的话，在九月九日这天，全家人都到山上去避灾，晚上方敢回家，这才安全无事。从此，"重九登高，效桓景之避灾"遂相沿成习。重阳登山千佛山，正是重阳登高习俗的延续。

此外，庙会还有一项民俗——蒸枣糕。街上出售的枣糕，多用糯米和枣或小豆和枣混合做成，蒸熟后在街上现切现卖。居民家中做的枣糕，则用一层面一层枣叠垒成塔形，盖着用面擀成的菊花形顶，名为"菊花枣糕"。重阳节这天为何要吃枣糕呢？因为"糕"与"高"二字同音，吃枣糕也有登高之意。

近年来，千佛山庙会更是盛况空前，不减往常，来登山的人们依然络

图三　民间艺人在表演"捏面人"

图四　民间小吃"杨氏麻糖"

绎不绝。人们在浏览或挑选琳琅满目的土特产品时，总要登上山顶，纵目远眺。观赏着大好河山和如诗如画的济南新貌，自然会浮想联翩，感受到一种美的享受。

千佛山庙会具有齐鲁文化的典型特征，承载了老济南作为历史文化名城的传统积淀，是北方民俗的集中展现。庙会以佛教信仰和大舜文化为基础，融合了内容丰富的民间信仰习俗，如重阳节尊老敬老、信众礼佛向道等。近年来，景区不断挖掘宗教文化，每年庙会期间，济南市及周边地市的香客和老百姓都会自发地来到千佛山拈香叩拜，这一活动已经成为一项约定俗成的习俗而被传承下来。不仅如此，庙会还体现了齐鲁地区的商贸习俗。重阳节前几天，来自全国各地的商贩、商家都拉着当地的特产，赶来参加庙会。每年庙会期间，从千佛山山脚下到山腰兴国禅寺仅一公里多的山路两旁，有各种摊位一千余个，该地段遂成为济南节令性农产品交易的重要场所。每年，前来赶会的人数高达百万，其商品之丰，人数之多，使之成为济南地区规模最大的民间商贸集会。庙会一方面丰富了百姓文化生活，另一方面更是集中展示、交流和传承着老济南民间艺术习俗。庙会上大量的文化娱乐项目，使游客大开眼界，他们也可亲身参与其中，从中领略传统娱乐的魅力。

千佛山庙会因其鲜明的民族特色、地域文化特色和深厚的民俗文化内涵，不仅辐射山东省各个地区，临近省份的游客、商家甚至外国友人也慕名前来。作为济南这座历史文化名城非常重要的民众民俗文化活动空间，千佛山庙会已经成为传承老济南历史文化，满足人民群众的物质、文化需求的重要载体，对于促进文化艺术交流，带动济南市乃至全省旅游市场的繁荣具有极其重要的意义。

章丘铁匠习俗

　　2009年，济南市章丘区的"章丘铁匠习俗"被山东省人民政府列入第二批省级非物质文化遗产名录。

　　章丘铁匠始于春秋，盛于西汉而大盛于唐，历二千七百多年而不衰。章丘向有铁匠之乡的美誉，其从事打铁者之多，全国无出其右。自古以来，铁匠们为谋生四处奔波，足迹遍及祖国的山南海北，故又有"章丘铁匠遍天下"之说，并形成了当地独特的铁匠习俗。

　　过去，凡打铁的人家都供奉老君。老君即历史上道家学说的创始人李耳（又名老聃、老子）。传说他门下有三个徒弟，老大是铁匠，锻造铁具让人们生产；老二是窑匠，老三则是道士。如此传说自然是神话故事，然而历传铁匠、窑匠、道士是一师之徒，彼此师兄师弟相称，这在过去确是事实。凡打铁的人家，逢年过节，都要进老君庙烧香燎箔，有的还挂袍塑身，祈求打铁发财。

　　"风吹一炉火，铁打四方财"，这是章丘铁匠过春节时贴在大门上的对联。每年过了正月初三，章丘铁匠便三五成群离开家乡，外出谋生了。他们一般是三个人一伙，并有一辆"二把手车子"。章丘铁匠的推车是他们所独有的，推车的前后各有两个车把，两个后把供推车人掌握方向，前面的两个把供拉车人驾辕，所以称"二把手车子"。车上除载有一个风箱、一个砧子及钳

图一　章丘铁匠铸造的铁制工具

图二　章丘铁匠主要工具——砧子

图三　章丘铁匠主要工具

子、锤、炭槽外，另有三个人的行李铺盖、锅碗瓢盆等生活用品，垛得满满一车，所以后面推车人根本看不见前面的路。在路上推车行走的时候，便只能听见前面"把前"的吆喝，铁匠们的行话叫"报道"。一般上路有大伙计推车，小伙计报道，师傅跟在后面，如有上坡或路太难走时，师傅就拉拉旁套；如果走的是大道，报道的便喊"一马平川"，推车的便可放心大胆地迈开大步走；如果出现上坡，前面就喊"一溜慢上，上盘子撑腰"，后面的便弯腰弓腿使劲推；如需左转弯时，报道的则要说"拐弯大调往里甩"，右转弯时便喊"拐弯大调往外甩"；如出现中间高两旁洼的路，便叫"二挂腿报辙"；路面不平时就喊"牛蹄引子疙瘩道，两脚绊石看着迈"；左边不好走就喊"里驱绊"，右边不好走就喊"外驱绊"；遇到小型陡坡就喊"陡亘一睹"；如横跨路面发现小沟，便说"担杖钩子"，推车的便立即哈腰。就这样一路吆吆喝喝，朝行暮宿，一天能走80里左右，从章丘走到山海关大约需用半个月时间。

据传，章丘铁匠生活中有三难。第一件便是难穿新衣。铁匠终年与"火神爷"打交道，一年到头除了逢年过节，天天都围着火炉转，铁一烧红，放在砧子上，抡锤便砸。锤头一落，钢花四溅，铁星乱喷，衣服鞋袜被烧得全是窟窿，所以铁匠很难穿上新衣裳。第二件是理发困难。铁匠们以打铁为生，终日在外，栉风沐雨，天天与钢铁为伴，煤炭为伍。煤渣铁屑落入他们的发内，很难洗净，天长日久，结成一层。一般理发师听说是打铁的，都不愿意给理。理的话也要格外小心，碰上铁渣，剃头刀子不是卷刃就是崩豁。第三件最重要：铁匠难找媳妇。根本原因还是一个"穷"字。俗话说："穷打铁、富经商，不穷不富当木匠。"穷人家的孩子学打铁，从拉火到当小伙计熬到大伙计，再熬到掌钳子，一般需用十几年时间。于是，他们一般三十岁左右才能领炉开业，养家糊口。然而这时好人家的闺女早就结婚生子了，自然就轮不上他们了。章丘流传着这么一首歌谣：

有女不嫁铁匠郎，

一年四季守空房。

正月初三出门去，

临走放些狗干粮。

煎饼摊下一大摞，

鞋袜带上好几双。

交了腊月往回转，

破衣破袜扔一床。

有女不嫁铁匠郎，

免受委屈和凄凉。

朴实的歌谣，诉说着旧时铁匠生活之艰难。正因为铁匠不容易结亲，所以他们对婚礼习俗格外遵从。只要凭"父母之命、媒妁之言"定下来，男女二人属相、生辰不相克，就算"谊谅"，双方便可以准备结婚了。首先，男方经算命先生占卜向女方下娶帖。娶帖一般分四项：娶亲日期与过门的时辰，新娘梳妆的方向，新娘上、下轿的方位以及接路客应忌的属相。娶帖写好后，由媒人连同彩礼一起送到女家。女家只要收下彩礼和娶帖，就表示同意娶嫁了，双方便可分头准备婚礼。男方提前租赁花轿，雇吹鼓手，贴喜联，请厨师和帮忙人员，张灯结彩，挂喜幛。娶亲的前一天傍晚，新郎家中便热闹起来，吹鼓手吹奏起喜庆的乐曲，亲友贺喜的也陆续从各地赶来。晚饭之后，吹鼓手到新房吹奏"贺新房"。如果帮忙的还没有来齐,新郎便带着吹鼓手走街串巷,演奏一番"状元游街"。

铁匠的喜事,一般都选在春节前进行。一是正好回家过年,二是喜事与春节一同过可以节约部分资金。过完春节,铁匠们又纷纷离开家乡,去外地打铁。当然,以上所说的章丘铁匠生活中的"三难",都已经成为历史,随着经济社会的发展,章丘铁匠的生活状况已经发生了翻天覆地的变化,得到了极大改善。

一直以来,章丘铁匠的精湛技艺有口皆碑。章丘长白山自古就以冶铁驰名。众多能工巧匠,发扬扎根农村的历史传统,克服重重困难,创制出了徘徊镰刀,埠村"双葫芦"菜刀等颇享盛名的民用产品。

流落异乡的章丘铁匠,还创制出一省乃至全国闻名的名牌产品。如号称北方"刃具之最",历经二百年不衰的青州刘家"大三"剪刀,其创始人刘恒清原籍即章丘。刘家世代相传以打制小农具为生,迁往青州后才改为专造剪刀。由于在技术上精益求精,逐渐赢得用户的信任,闯出了"大三剪刀不用挑"的口碑。

另如以品类繁多、音质纯正、音量宏大而享誉全国的周村铜锣,是二百多年前一位流落在周村的章丘籍柴姓小炉匠(俗称"铜破的",属铁匠的分支)创造的。两个世纪以来,创制出了月锣(小炉匠用)、染锣(染布工用)、糖锣(卖糖者用)、馃子锣(卖油条用)、"报君知"(盲人用的,俗称"当当")、油牌子(卖油用)等门类齐全,音域不同的铜响乐器。特别是虎音锣,可以打出横音,音质浑厚圆润,宛如虎啸,用于京剧舞台烘托气氛效果极好,所以在20世纪30年代一度出现了京剧舞台上竞用周村锣的热潮,程砚秋、尚小云、荀慧生、李万春、黄桂秋、奚啸伯、杨宝森等著名京剧表演艺术家到周村演出无不购买周村锣,可谓"周村锣声天下闻"。而这,恰恰反映了章丘铁匠精湛的手艺。

章丘铁匠是章丘人民一定时期社会生活的写照,对人们了解过去,研究历史有着重要的价值。

周村古商城商贸习俗

周村历史悠久，其渊源最早可追溯到新石器时代晚期。春秋战国时期，周村属于齐，辖于於陵邑。唐宋开始，这里已经成为百姓居住和生活的中心，并形成了固定的集市和街市。明清时期的周村迅速崛起，发展成为中国北方非常有名的商贸中心。周村是在明代嘉靖年间"居民三百家"的市镇基础上成长起来的一个独特的商业城市。周村商业的繁荣与发展，其首要原因是手工业的兴起。明末清初，手工业的门类和规模很可观。最具代表性的为丝织、铜响制造、首饰加工等。由于周村地处鲁中地区和华北平原交界处，屏济（南）胶（东）要道，扼南北咽喉，四季分明，宜桑宜稼，自古为桑蚕发达地区，因此相比其他地区，拥有得天独厚的优势。

图一　周村

19世纪末，周村丝绸曾远销东南亚一带。开埠后，则主要向欧美、日本等国家输出。周村的对外输出以黄白丝及各种丝织如绸子、缎子、天鹅绒、洋绉、绫子等为主，以青岛、上海为转口地，而上海最多，当时从周村取引绢织物的上海外国洋行主要有三井、怡和、协隆、元芳等。民国以后创办于周村的丝织业商号有5家，分别是同丰、新记、恒兴大、元丰和慎记。

周村古商城孕育、造就了一大批实力雄厚的商号，"祥字号"等著名商号在此条件下形成了独特的经济地位和人文特色，成为周村商埠文化发展的重要载体。据不完全统计，在1949年以前，孟氏商业集团先后在周村及其他大大小小的城市开办商号达一百多家，因为在他们遍布全国的商号中，绝大多数字号的名字中都带有一个"祥"字，故人称"祥字号"。

"八大祥"是指其中八家带"祥"字的绸缎庄，有瑞蚨祥、瑞林祥、瑞生祥、瑞增祥、庆祥、隆祥、益和祥外加谦祥益，通称"八大祥"，而其中瑞蚨祥绸布店以其经营最好、实力最强，位居祥字号之首。

"瑞蚨祥"绸布店以加工制作能体现东方女性和中国丝绸特有风韵美的多款式民族服装为主。其创始人孟鸿升据说是孟子的后裔。关于"瑞蚨祥"名字的由来，还有一个美丽的传说。

据说，当年孟鸿升为了给自己的布店取个吉利的名字，费了很大心思。在店铺开张前，他曾自己想了许多名字，但却没有一个自己满意的。眼看新店马上就要开张了，孟鸿升决定请朋友帮忙。

这一天，孟家来了许多文人墨客。酒席间，孟鸿升请大家帮自己的店取名。众人一听，都非常感兴趣。一位自以为思路敏捷的富家公子首先发言说："取个吉利名的话，我看就叫'庆瑞'吧。瑞，代表吉祥；庆，代表喜庆。"有人反对说："要就是为了吉祥，不如就叫'吉星'，让人立马就能想起'吉星高照'，多吉利！"人们七嘴八舌，还提出了"天盛""紫金"等名字，但孟鸿升始终都觉得太俗了，并不满意。

正在大家讨论得不可开交的时候，一位德高望重的老先生开口说话了："老夫不才，想出了一个名字，大家听听，给提提意见。我说就叫'瑞蚨'如何？'瑞'是瑞雪的瑞，代表吉祥；'蚨'字则有一个'青蚨还钱'的典故。

据晋代《搜神记》说，'青蚨'是远古南方的一种昆虫，形似蝉，通常是一母一子相依为命。青蚨产卵必须要依附着花草的叶子，即使是它的卵被人偷偷地拿走了，不管多远，那母青蚨也一定知道藏卵的地方。用母青蚨或者子青蚨的血'涂钱各八十一文，每市物，或先用母钱，或先用子钱，

图二　周村古商贸城

皆复飞归，轮转无已'，这意思是说，钱花出去，还能再飞回来。寓意财源滚滚，只聚不散。"老人这么一说，正合孟鸿升之意，既免于俗气，又十分吉利，于是孟鸿升大声叫好，当场决定，新店就叫"瑞蚨"！瑞蚨祥的第一家店就坐落在周村。清道光元年（1821年），瑞蚨祥在周村大街挂牌，并逐步发展为在山东乃至全国都很有影响力的著名商号。

　　周村古商贸城主要是由大街、丝市街、银子市街等几个主要商业街组成的。银子市街北起丝市街，南至魁星阁，两侧皆为砖砌楼房。以"瑞蚨祥"为代表的众多商号，在这里谱写了商业发展的传奇。

图三　旱码头

据载，明天启三年（1623年），周村已开始设有棉花、羊毛、皮革等商号，商品交易日渐增多，明末已发展成为一个"商贾辐辏"的贸易中心市镇。作为名闻遐迩的传统行业，周村丝绸织造业带动了周边地区植桑养蚕业的繁荣和发展，逐步形成其丝绸名产、齐鲁名镇的文化经济特色。

周村不仅是商品的生产基地，还是山东境内最大的商品集散市场。每逢四、九开集时，"豫、晋、燕、赵商人，咸集于此"。到清代中期，周村商业的发展已具有相当大的规模，号称"百货丛积，商旅四达"，有"天下之货聚焉"的美誉。当时，新泰、莱芜、蒙阴、沂水等地的蚕丝和博兴、高苑、利津、惠民等地的粮棉，大都运抵周村交易，使这里成为鲁中地区旱码头。

鸦片战争以后，随着西方列强资本的大量输入和中国民族资本主义商业的发展，周村作为鲁中地区商业、文化中心的地位得到进一步的发展，省内外的商贾云集于此，设店建厂，贸易经营，逐步发展成为在省内乃至全国都有巨大影响的商家字号。章丘旧军孟氏家族开设的绸缎、布匹、茶叶、杂货等"八大祥"字号，山西商人开办的数家票号和当地商人八十多家钱庄、银号等都是在当地乃至全国都非常有名的商家。至晚清时期，周村进一步发展成为鲁中地区和鲁北平原的商品贸易中心。

光绪三十年（1904年），周村和济南、潍县同时被清政府辟为自主对外开放商埠，成为全省的商业中心之一，对此，史书上曾有记载，说其"工商两业鼎盛时期，驾乎省垣（济南）之上"。1936年出版的《现代本国地图》对周村的说明是："当水陆冲途，舟通小清河，车通胶济路，素为豫、晋、燕、赵商贾荟萃集之地。"其后，周村虽屡遭战火，受到破坏，但周村作为鲁中名镇的地位，始终没有动摇。

周村古商城是周村人文环境最重要的亮点和周村商业发展的历史见证。如今，作为电视剧《大染坊》的取景地，周村已越来越为人所熟知，成为一处旅游胜地。发扬周村古商城商贸习俗，不仅能让我们回顾周村自由繁荣的商贸历史，更能让我们看到以"祥字号"为代表的近代商人"诚信为本"的经商理念。这种以"诚信"为核心的商贸文化符合当代社会主义核心价值观，符合儒家文化，也依然适合我们当今的商业发展，值得我们继承与弘扬。

淄博花灯会

淄博地处山东中部，是齐文化的发祥地，每年元宵节，当地都会举办元宵灯会。淄博花灯是中华民族传统艺苑中的一朵奇葩，它与哈尔滨的冰灯，自贡的彩灯，并称为华夏神州的三大灯系。以花灯闻名的淄博市也因此被誉为中国民间艺术（花灯）之乡。

图一　元宵灯会之花灯长廊　　　　（摄影：王鹏）

我国花灯的历史由来已久。据考证，自汉代起，我国就已经有花灯这门艺术了。相传，刘邦建立西汉后，大兴祭祀"东皇太一神"的活动，为此，人们制造了大量的花灯用于祭祀活动。史料《帝京景物略·灯市》里曾经记载这一盛况说："张灯之始也，汉祀太一，昏至明。"

后来，汉高祖刘邦去世，吕后专权。吕后过世以后，汉文帝刘恒继位。他在周勃、陈平等贤臣的帮助下扫除诸吕，因为吕姓权臣被全部清理的日子恰在某一年的正月十五，因此，文帝便把正月十五定为元宵节。自此以后，每到元宵节的夜晚，人们可以尽情地放花灯祈福与庆祝，汉文帝也会微服出宫，与民同乐，以此来表示对此日的纪念。这就是花灯的起源，距现在已经有两千多年的历史了。

淄博花灯起源于什么时候，在史书中已经找不到明确的记载了。但根据零星的资料，我们可以知道，淄博花灯，亦称"灯彩"，也有着深厚的历史渊源。据传，早在春秋战国时期，就有人把花灯应用于军事，指挥夜战。当时，只要有敌情，城中一条高高的旗杆就会升起一盏红色灯笼。在那时，人们称其为"号灯"。后来，这种红灯笼被普通民众赋予了驱邪避鬼的含义。张店曾因种桑养蚕而成为黄桑店，老张店人认为，元宵节当晚，打着红色灯笼刷养蚕席即可驱除病害。久而久之，灯笼成为这个地区的一种民俗象征，并逐渐演变为花灯。

后来，随着手工业特别是丝绸业、印染业、彩绘业的发展，人们又生产出纱灯。

到了明清时期，随着商业贸易的发展，花灯的制作技艺和活动规模在原有基础上又有了显著的提高，"丝绢宫灯""走马灯""荷花灯""西瓜灯""莲子灯"等相继出现，花灯活动与民间艺术表演融为一体，规模扩大、热闹非凡。正如清代大文学家蒲松龄在《上元》诗中写的："太平村舍家家酒，乐岁弦歌户户灯。甲弟笙歌连夜月，旗亭灯火散天花。"清朝初期，刑部尚书任俊也有诗云："云屏曲曲试春灯，幻出瑶台十二层，璀璨漫疑施杂组，通明共羡列条冰，光摇绮席兰出爇，映射珠帘目共澄，独有颜神山下客，今宵乡梦定应增。"此时，琉璃彩绘灯、琉璃造型灯、各种工艺灯，大小不一、制作精细、新颖独特，让观赏者目不暇接、流连忘返。

淄博花灯大致可分为传统花灯和现代花灯两大类。传统花灯包括民间工艺灯、彩楼灯、迷宫灯、树灯、河灯等。其制造工艺相当复杂，包括设计、成型、裱糊、装饰等工序。尤其成型，需用竹子与麻绳扎制龙骨，内里结构与捆扎技术最为关键；在装饰工序中，淄博花灯运用彩绘、剪纸等民间工艺，巧妙融入富有

图二　扎制花灯 （摄影：王鹏）

特色的地域文化，制作出来的花灯色彩鲜艳、永不褪色。

淄博现代花灯是在传统花灯的基础上发展而来的，包括故事灯组和流动灯车等。目前淄博花灯的花色品种繁多，有大型机械灯、小型工艺灯、装饰灯；有人物灯、动物灯、龙灯；有宫灯、棚灯、车灯、塔灯、系列故事灯组等上千个品种。人物、动物、建筑等造型千姿百态，栩栩如生。

淄博花灯的特色主要有：题材多取于当地民间传说和神话故事，代表了典型的中国传统文化，如"齐国故事灯组""聊斋

图三　宫灯 （摄影：郭福山）

故事灯组""民间传说故事灯组""嫦娥奔月""华表""九龙壁"等。原料多取于当地所产的彩绸、塑料、陶瓷、琉璃、玻璃；地域特色鲜明，民族风格浓郁，具有强烈的时代感。

近年来，淄博的花灯事业得到了前所未有的发展。如今，制灯艺人遍布全区，制灯赏灯成为人民群众普遍喜爱和经常开展的文化活动。花灯制作材料和制作技艺也有了创新和提高。现代花灯制作材料由传统的纸、竹等逐渐被新材料、新工艺、新光源所替代。制作技艺也有了质的飞跃，人们把电子、激光、电脑控制等用于花灯的设计与制作，将传统的彩绘、内画、织染、裱糊、扎制技术与现代高科技手段融为一体，使形、色、光、动有机结合，实现了传统与现代相结合，形式与内容相统一。

2014年，"淄博花灯"的第五代传人张向仁被山东省人民政府批准为第四批省级非物质文化遗产项目代表性传承人。老人"为了儿时的趣味，玩了一辈子花灯"。

在张向仁年纪尚小的时候，他们那里每逢过年都有花灯表演。在当时那个年代，经济不是很发达，每家每户都没有钱给孩子买花灯，因此，如果有孩子想带着花灯去看扮玩表演，便只能拿自己家里现有的东西做。张向仁在七八岁时，便已经开始自己做花灯了。那时，他将家里的旧竹帘子拆了，做成方形的花灯架子，里面放上蜡烛芯子，外面糊一层红纸，再用筷子绑上挑起来，一盏花灯就成了。为了显得有面子，那时，尚且年幼的张向仁经常会在自己做的花灯上面用蜡笔画上新年的生肖动物。因为自己喜欢做，也喜欢琢磨，张向仁每年都变着花样地做花灯。刚开始，他只是在花灯上用蜡笔画生肖动物。后来，他慢慢地开始用竹子做不同样式的灯芯，再后来他又用废弃的铁丝做各种动物形状的花灯。

童年时期，花灯制作的种子，已经种在了张向仁的心里。

1967年，张向仁进入淄博市大成农药厂，开始跟着老师傅正式学习制作花灯。从那时到现在，他从事花灯制作已经五十多年了。在这五十多年间，他制作花灯1000多组，芯子200多组，彩车50多台，并首次开创了一个芯子上挑五个人的芯子制作工艺……在20世纪80年代，张向仁还带领大成农药厂的花灯队，创造了"元宵节万人空巷闹花灯"的场面。

张向仁做了五十多年花灯，虽然也做过《孔雀开屏》这样有些许炫技色彩的绚丽花灯，但他一直认为，讲故事才是淄博花灯的特点。这几年，他为淄博花灯会做了几十个讲述民间故事的花灯，本地风土气息浓厚，甚至成为一些学校寒假作文的描写主题。"好的花灯，一定是边琢磨边搭出轮廓之后的喜悦，在糊上彩绸之后，再用金线贴住彩绸的连接处，无论是一匹马，还是一个人，立马就有了精气神。"张向仁对做花灯有自己独特的见解。

"古时候家家户户做花灯，那是大人给孩子的过节礼物，后来的大型花灯会，更是每个人留存在心中关于童年的美好记忆。"在淄博市花灯协会会长张向仁的观念中，过年，全家老小一起逛灯会，让孩子高兴，才是花灯会最大的意义。

古老的传承，新颖的手法，使得淄博的花灯名副其实。改革开放以来，淄博花灯多次出国赴俄罗斯、德国展出，名扬海外。淄博花灯把传统与现代工艺结合得淋漓尽致，从而把本地的民间文化、民俗文化、群众文化等有机地融合起来，丰富了广大群众的精神文化生活，弘扬了中华民族光辉灿烂的传统文化。

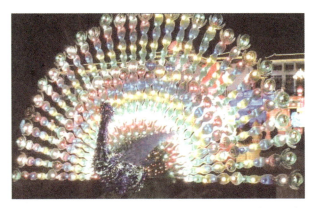

图四　孔雀开屏 （摄影：郭福山）

图五　在柏林展出花灯——云影古塔

（摄影：董建国）

长岛显应宫妈祖祭典

2009年，长岛县的"长岛显应宫妈祖祭典"被山东省人民政府列入第二批省级非物质文化遗产名录。

长岛县隶属于山东省烟台市，位于胶东和辽东半岛之间，是山东省唯一的海岛县。长岛也叫庙岛群岛，古称沙门岛，纵贯渤海海峡，居黄渤海交汇处。

"显应宫妈祖祭典"，是海岛人特有的传统民俗活动，距今已有八百多年的历史，流传于庙岛、南长山、南隍城、大钦岛等十几个岛屿。其中，庙岛显应宫的妈祖祭典活动规模和社会影响力较大，被公认为"妈祖祭典"的代表。

庙岛显应宫，是我国北方建造最早、影响最大的妈祖庙。北宋嘉祐五年（1060年）前后，妈祖信仰由东南沿海地区传播到沙门岛一带。北宋宣和四年

图一　庙岛全景

（1122年），在原沙门岛佛寺（显应宫旧址）中开辟海神娘娘（妈祖）香火院，从此开启了显应宫八百多年的历史。明崇祯元年（1628年），由崇祯皇帝赐庙额"显应宫"，庙岛显应宫由此而得名。清咸丰皇帝曾因贡船在渤海遇险化夷，御赐"神功济运"金匾。

妈祖文化的起源，与我国航海事业的发展息息相关。两汉之时，我国的航海技术已相当成熟；隋唐时期，与周边国家的海上交往十分频繁；宋、元、明三代，海上航运已十分发达，借助海运开展的对外贸易已辐射到东亚、南亚、西亚以及阿拉伯、东非的大片区域。航海是勇敢人的事业，航海的风险是随时存在的。在科技落后的古代，人们抵御自然灾害的能力极差，常有大批航海者在风浪中丧生，所以人们期盼着有自己的保护神。

宋代时，福建莆田出现了勇于在海上救人的年轻姑娘林默，她的智慧、勇敢和善良，受到人们的敬佩和爱戴。林默生于960年农历三月廿三日，卒于987年农历九月九日。她的英年早逝，引发航海者的怀念和遐想，渐渐把她传为神，成为航海者的精神寄托。后来，其乡人在湄洲岛上建了一座庙来祭祀她，这就是名闻遐迩的湄州妈祖庙。当时庙很小，但在航海者心中的地位却非同一般。先由福建渔民开始，在船上供牌位，奉香火，之后很快在沿海渔民中传开，成为渔民们一致认同的海神。

宋高宗绍兴二十六年（1156年），褒封林默为灵慧夫人，这是皇帝第一次赐封。到清代同治年间，历朝皇帝共赐封36次，封号从"夫人""天妃""天后"到"天上圣母"，并列入国家祀典。随着历代王朝的不断褒封，妈祖的声名与地位也越来越高。

庙岛村老渔民卢荣善曾说："我们岛上的人都信妈祖，习惯叫'海神娘娘'。在岛上流传最多的是娘娘赐

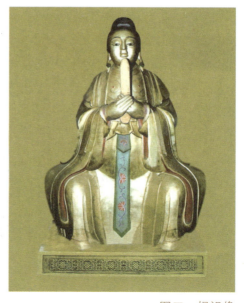

图二　妈祖像

灯导航。有一年，砣矶岛一只'大瓜篓'在西洋打鱼，突遇暴风雨，天昏地暗，什么也看不见。15条生命危在旦夕，船上的人都感觉无望了。突然，船的正前方出现了一盏小红灯，枣那么大。老大心里有底了，这是娘娘赐的灯。于是，就跟着小灯划船。大约过了个把钟头，红灯不见了，'大瓜篓'怕'犯山'，立刻给了锚。等天亮了，船不偏不倚地停在庙岛塘内。"

妈祖崇拜是一种文化现象，妈祖文化已成为整个人类文化的组成部分。这种以"和平""勇敢""关爱"为核心的妈祖文化，受到越来越多的世人的尊重与敬仰。

"显应宫妈祖祭典"是最具北方妈祖文化特色的民间民俗活动。"妈祖祭典"起源于早期的宫庙祭祀活动，而这一活动，约在显应宫初建时就已经有了。起初，妈祖祭祀是海岛渔民以一家一户为单位，自发的在正月十五、七月十五和娘娘生日，从各自家里抬着祭品，一路燃放鞭炮，先到海神娘娘庙送灯，然后举行一系列祭祀活动。到了元代，由于南北海运航路的开辟以及海运活动的进一步繁盛，促使这一活动更具规模。清康熙二十三年（1684年），妈祖被晋封为"天后圣母"，皇帝下诏"天下春秋谕祭"，使祭祀活动的规模更加宏大。

图三　祭拜妈祖

现在的显应宫妈祖祭典，在每年农历三月二十三日妈祖圣诞和"九月九"祭神之日举行，行祭地点设在庙岛妈祖庙祭祀广场。祭典全程约需45分钟，规模有大、中、小三种，主要程序包括：1. 擂鼓鸣炮；2. 仪仗、仪卫队就位，乐生、舞生就位；3. 主祭人、陪祭人就位；4. 迎神上香；5. 奠帛；6. 诵读祝文；7. 跪拜叩首；8. 行初献之礼；9. 行亚献之礼，奏乐；10. 行终献之礼，奏乐；11. 焚祝文，焚帛；12. 三跪九叩；13. 礼成。

妈祖作为"海神"，属人格化的自然神，其祭祀应为"郊祭"。但是妈祖的神格又不同于一般自然神祇，她在历史上多是以"先贤"的面目为人们所崇拜的，加上她世受皇封并享受庙祀，因此"妈祖祭典"有"郊""庙"合一的特点，即以"九阶三坛"合于郊祭，以"祠、礿、尝、蒸"合于庙祭。礼式、礼项、礼器合称"三礼事"，其中包括从祭坛、祭器、祭品到内容、行止、禁忌等整个礼仪形式与过程。"妈祖祭典"，依据规制，与祭者由九部分组成，称"九部与祭"；"歌舞爵献"是祭典中的主要礼项，显应宫祭典中的乐生组合，是采用古代郊庙的最高乐式——宫悬来安排的；"八佾舞"也叫作"羽舞"或"文舞"，舞者64人。左秉翟，右持龠，八行八列，相和而歌，相率而舞；祭典场面肃穆典雅、庄严隆重，韵律古朴。

图四　显应宫妈祖祭典

图五 妈祖祭典上的"八佾"舞表演

随着历史的变迁，渔家文化不断发展，大型妈祖祭典已成为渔民习俗中不可缺少的组成部分，是渔家文化的重要内容。

20世纪60年代到80年代初，妈祖祭典的组织形式和活动内容发生了较大的变化，渔民开展扭秧歌、舞龙、舞狮等自娱自乐的文艺活动，同时向"海神娘娘"祈祷许愿。

改革开放后，"妈祖祭典"这一传统民间习俗又重新活跃起来，既有政府的扶持和企业的支持，又有妈祖文化研究会组织，还有渔民的自发参与。独有的海岛特色更加鲜明，文化内涵更加丰富，其规模、影响和声势远远超过历史。

"妈祖祭典"彰显了妈祖文化的深刻内涵，展示了中国最美海岛的独特魅力。挖掘、抢救、保护这一海洋民俗文化遗产，对于继承中华传统文化，彰显"和平""勇敢""关爱"的妈祖精神，丰富沿海地区的文化生活，构建社会主义和谐社会，将起到积极的推动作用。

胶东花饽饽习俗（烟台）

2009年，烟台市的"胶东花饽饽习俗"被山东省人民政府列入第四批省级非物质文化遗产代表性项目名录。

烟台市隶属于山东省，位于山东半岛中部，属于温带季风气候。这里的人们心境乐观豁达。聪明、勤劳的胶东农村妇女在各种仪礼和节庆期间，用面团做出自己喜爱的样式，用来托物寄情，烘托节日气氛，这就是现在所说的胶东花饽饽。此习俗主要分布在烟台市区、莱州、蓬莱、龙口、招远、栖霞及周边地区。

胶东花饽饽是胶东妇女根据地域特色、节日和生活习俗，以面粉为主要原料创造的一种艺术样式。胶东花饽饽习俗有着悠久的历史传统和浓厚的文化底蕴，它起源于汉代（具体年代已不可考证），距今有两千多年的历史。在生产力不发达的年代，小麦产量较低，加上面粉区别于其他的农产品，被称之为"细粮"，所以优质的面粉就成了"奢侈品"，胶东沿海的居民们用"稀罕"的小麦粉做成牛、羊、猪的形状来祭祀海神，首开胶东花饽饽的先河。其后，胶东民间也仿照祭祀海神用的花饽饽来奉祀祖先、纪念节庆，花饽饽逐渐被应用在不同的场合。

到了宋代，胶东花饽饽习俗在民间已很流行。南宋·孟元老《东京梦华录》中记载："寒食前一日谓之炊熟，用面造枣锢，飞燕，柳条串之，插于门楣，谓之子推燕"。当时面点，有"甲胄"人物、"戏曲"人物、"孩儿鸟兽"等，可谓"奇巧百端"。明清时期，胶东花饽饽已经具有很强的艺术价值和经济价值，成为艺人非常重要的谋生手段。

现在胶东仍有在清明节做面燕子的习俗，即古时寒食节做"子推燕"的遗俗。胶东各地流行的"做春燕、捏龙凤，描花画叶欢吉庆""清明燕、端午蛋，正月十五捏豆面"等民谣，正是其鲜明写照。

胶东花饽饽的制作流程包括和面——发面——揉面——捏型——雕刻——锅蒸——上色等。人们在花饽饽的制作上格外用心，将其做成了精美无比的艺术品，巧手的家庭主妇还会借助常见的刀、剪等工具，捏、刻成各样的花饽饽造型，如戏剧人物、神话传说、鱼虫花卉等皆可选材，配以色彩，富有艺术感，同时也都根据需要赋予了不同的内涵，增加了喜庆气氛，是民间托物思情、喜庆丰收、祈福长寿的生活艺术品。

胶东花饽饽主要分为四大类：祭祀类、婚庆类、生子类和祝寿类。包括"结婚""送三""百岁""上梁""过年"和"正月十五捏豆面灯"等花饽饽品种，寓意吉祥，具有鲜明的艺术特色和生活情趣。

1. 结婚。婚礼是人生中一件大事，对花饽饽的要求也是相当严格。如"龙凤呈祥"（俗称脸盆花饽饽），上面精塑十二生肖造型，细加点缀，造型生动，情趣悦人，五彩缤纷，鲜丽明快，线与面、点与块、塑与画、拙与巧的结合与对比，形成强烈感人的艺术效果，增强了喜庆的气氛，丰富了民间婚俗的内容，更为民间艺术增添了俏丽的一枝。

结婚花饽饽以制作"八大件"为主：一对鸳鸯表示爱

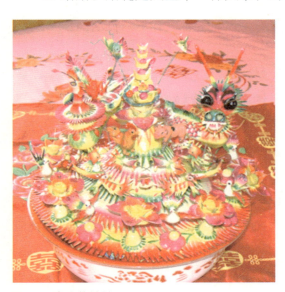

图一 脸盆花饽饽

图二　"岁"饽饽

图三　上梁用的狮子花饽饽

情；一对鲤鱼表示生活富裕；一对肥猪表示五谷丰登；一对寿桃表示长寿百年。

2. 送三。送三是姑娘出嫁后的第一年农历三月初三，由娘家做一筐篓"春燕"带回婆家，表示燕子归巢，回报父母的养育之恩。

3. 过满月、百岁。满月是人来到世界上的第一个比较隆重的仪式，其花饽饽也颇为讲究。主要形式为"虎头""佛手""百岁儿""牛蹄"等，表达大人们对孩子的殷切期望。

百岁是妇女生孩子满百天，由姥姥家送的贺岁花饽饽，主要制作"长穗（岁）""糖包""糖帽""挂花""虎头""月豉"等小品，盼望外孙健康成长。

4. 上梁。上梁是在盖新房上大梁这天为举行"上梁大吉"仪式而做的花饽饽，主要有"龙凤呈祥""狮子把门"等，表示蟠龙抬头，凤落宝地，家业兴旺。

5. 过年。为使正月不用再做主食，于是每逢春节前，大约腊月二十三至二十五时，家家户户都会蒸花饽饽，同时习惯性的做四个"圣虫"、八个枣饽饽。"圣虫"放在存放馒头的缸里，可保当年丰收，不会断粮；枣饽饽用来供奉先人，表达民众一种向往富裕的思想。

过年做的花饽饽有"大团圆饼""神虫""钱龙""枣馍馍"等，表示全家团圆、日子兴旺、年年有余。

6. 正月十五捏豆面灯。人们以豆面做成各种飞禽走兽、山珍海味，尤以制

图四　祝寿寿桃

作十二属相灯最为普遍，并流传至今。芝罘区以西各地以菜根、萝卜刻灯，用以祈福。

7. 七月七。七月初七是我国传统的"情人节"，内含一个家喻户晓、脍炙人口、感情丰富的牛郎与织女的故事，这一天，家家都会"卡巧果"，用线穿成长串，挂于门内两侧。

8. 贺寿。老人们年至花甲，晚辈们惯常要为之祝寿庆贺，祝贺者蒸做漂亮的"大寿桃花饽饽"以祝愿老人健康长寿，表达对老人们的孝敬之心。

9. 祭海。由于烟台地处沿海地区，因此海文化非常丰富，花饽饽便在祭海仪式上占有了一席之位，供案上摆放着"猪头""面鱼""枣饽饽"等，渔民祈祷在出海之时能够丰收，顺利而归。

胶东花饽饽外形简洁、美观，可塑性强，内蕴丰富，人物、动物、植物形象独具民间特色，有很好的表现力。捏制风格古朴自然，造型或敦厚或灵巧，与胶东地区的传统习俗紧密结合在一起，增添了浓厚的节日气氛，表达了深深的吉祥寓意，具有很高的观赏和收藏价值。

胶东花饽饽的造型与胶东人民长期以来形成的民间习俗有着密切联系，反映了胶东人民的思想感情和审美趣味，显示出当地老百姓的聪明智慧和艺术才能。花饽饽的造型大多取材于与劳动人民生活息息相关的人和物，烟台依山傍海，使得花饽饽造型中加入了"加吉鱼""虾蟹"等造型形象，具有浓郁的地方特色，传承着胶东文化的根和脉，浸润着乡村人家的淳朴和善良。

胶东花饽饽习俗不仅蕴含了丰富的民间文化，而且在民俗活动中拉近了老百姓之间的距离，人们相互沟通交流，使得花饽饽既保持了传统风格，又与时俱进地融入了现代风格，表达了胶东人民的友好以及对乡土的热爱之情。

宁阳斗蟋

2009年，宁阳县的"宁阳斗蟋"被山东省人民政府列入第二批省级非物质文化遗产名录。

宁阳县隶属于山东省泰安市，位于山东省中部。此地有一项历经千年而不衰的民俗活动——斗蟋。在古代，斗蟋就在民间广泛流传。人们聚在一起，将各自精心挑选的蟋蟀放入陶罐中，用蒸熟后特制的日鼓草或马尾鬃拨动蟋蟀，引它们争斗，看客们各自为自己看好的那只蟋蟀鼓掌呐喊，几个回合下来，败的一只便狼狈退却，胜的那只则骄傲地振翅长鸣。斗蟋在古时候是非常流行的娱乐活动，人们以此来调剂生活，小小的蟋蟀牵动着千万人的心。从通都大邑到穷乡僻壤，从帝王将相、富商大贾到翁媪男女、里巷小儿，都对斗蟋乐此不疲。

斗蟋历史悠久，远古时期甲骨文中的"秋"字，形状就像一只蟋蟀，足以见得先人对应时而生的秋蟋早有认识。

据说，斗蟋源自皇宫中的宫女，她们不经意将多只雄蟋放在一个笼子里，偶然间发现了蟋蟀的斗性。五代唐废帝时，翰林学士王仁裕所著的《开元天宝遗事》记载，每到秋天，宫中的女子都会捉蟋蟀关进精致的小金笼中，放在枕头边上，晚上就听着蟋蟀的叫声入睡。后来，平常人家也开始效仿，养蟋蟀成为家家户户都熟悉的技能。

到了宋朝，斗蟋活动基本成型。明清时期，斗蟋成为民间非常流行的民俗活动之一，宫廷之中斗蟋活动更是蔚然成风，从至尊天子到文武百官，不惜花费大量的人力物力，遍寻天下只为找到一只优秀的斗蟋。而宁阳则是历代进贡皇朝斗蟋的取虫宝地，名列古谱，誉满华夏，早有"蟋蟀王国"之美称。明宣德八年（1433年），宁阳一个叫朱征抚的人，把一只精心培育的黄麻兴斗蟋献入宫中，这只蟋蟀在斗蟋中战败了上海有名的斗蟋梅花翅，朱征抚借此一度春风得意，被赏赐了黄金200两，还被"赐宫花披红巡各殿"。

清人是兴起于马背上的民族，本来并不懂得斗蟋之事，但因受到汉文化的浸润，加之蟋蟀这个小精灵有着不可抗拒的魅力，清宫里的帝王侯爷，乃至八旗子弟很快就染上了斗蟋的嗜好，宫中便有了专门饲养蟋蟀的虫师。有史料证明，慈禧太后也爱斗蟋，她每年立秋都要住进颐和园，在重阳节这天开局斗蟋，历时一月。民国期间，军阀混战，但斗蟋并没有因此而衰歇，无论是五光十色的天津租界，还是十里洋场的上海，斗蟋活动进行得不亦乐乎。

斗蟋这项活动在大街小巷处处可见，全国各地都十分流行，但要说起最为流行的地区，莫过于宁阳县。宁阳地处黄淮两大流域的交汇地带，当地土地肥沃，是钙质褐土区，酸碱适度，五谷齐全，特殊的地理位置和优越的气候更是为宁阳蟋蟀提供了得天独厚的生存、繁衍环境。由于生存环境适宜，宁阳蟋蟀个头比别地方的都大，体色比别地方的都深，鸣声洪亮，骁勇善战，自古就被誉为"江北第一虫"。宁阳斗蟋的品种有青、黄、紫、红、黑、白、异等七大类二百多个品种，且多为善斗的名虫，这也是宁阳虫备受蟋蟀爱好者青睐的原因。另外，一般蟋蟀的生命只有一百天左右，所以斗蟋活动主要在秋天展开。随着蟋蟀的生命力减弱，斗蟋活动的旺季也逐渐过去。但宁阳蟋蟀与一般蟋蟀相比，生命力更为顽强，它们多为中晚秋善斗的青虫，寒露称雄，霜降称霸，立冬更是成为仅剩的活跃蟋蟀中的王者。

宁阳虫好，斗蟋活动也领跑全国，当地早已发展出了一整套成熟的比赛规则，还有属于自己的独特工具，可谓是"工欲善其事，必先利其器"。

在斗蟋之前，要把"场地"布置好，主要是要布置斗台和斗栅。斗台是用来放斗栅、比赛器具和虫罐用的站台，可以是长、方木桌或水泥台、石凳等。斗栅是圆形的，直径20厘米，高10厘米左右，正中有闸，壁高12厘米，最好用透明的有机玻璃器，粗白纸铺在底部，可以防止蟋蟀滑落、误伤。

图一　多种多样的斗蟋用具

为保证参赛的蟋蟀势均力敌，给看客留有悬念，每只蟋蟀上场斗之前，还要有一个合对的过程，合对的条件是厘码相当。所谓厘码相当，不是看蟋蟀的虫体大小，而是凭过秤的分量，把重量相等的虫放在一起，按顺序对赛。称重要用戥称，也就是称金银和中药用的小称（古称戥子）。除了戥称，也可用小天秤称量。为了防止蟋蟀在称量的时候跳走，人们还用塑料筒做容器，把斗蟋关在里边，吊在称上称量体重。

斗蟋开始，各方"选手"入场，主人用竹制的过笼作为将斗蟋从虫盆内向斗栅中迁移的工具，用鸡绒毛扎在15厘米长的竹竿上，驱赶蟋蟀进入过笼，再将蟋蟀引入斗栅，用霞草或鼠须制作的牵草来引斗蟋蟀。

在斗蟋中，蟋蟀通过与对方咬斗来分出胜负，所以人们根据蟋蟀进行咬斗的行为特征，把蟋蟀分成三种：进攻型、防守型和进攻防守结合型。进攻型的蟋蟀喜欢主动向前冲，发起进攻，先发制人，性子急，速度快。这类虫多腿劲大，铺身好，推进力强，猛不可挡，有时几口就能定下胜局，但有时也会因为咬得太急太浮躁，出现失误，被对手抓住破绽。防守型的蟋蟀性子慢，并不全力主动向前冲，常常稳扎稳打，后发制人。这类虫多腿劲小，斗时铺身不好，咬得被动，有的确实体弱力单，节节后退，但得益于它的冷静、沉着，当找到好机会时，还口极重，一口定局，制胜率甚至比进攻型的蟋蟀更高。防守进攻结合型一般认为是最优秀的种类，它们文武双全，先防守后进攻，有勇有谋，

图二　蟋蟀咬斗

咬得稳，但稳中有急，往往会成为最后的胜利者。这类虫多在稳咬中找机会，落口极重，千钧一发时，爆发力极强，真正的"虫王""大帅"多是这种类型。

改革开放以来，随着国家经济的发展，人民物质文化生活的改善，养蟋蟀、斗蟋蟀风行全国。1989年在上海举办的"维力多·济公杯"和1990年在北京举办的"长城杯"大赛中，宁阳蟋蟀都表现出色，独占鳌头。此后的1992年秋天，上海蟋协与天津蟋协比赛，上海蟋协早就从之前的比赛中看出宁阳蟋蟀品相不凡，于是这次比赛全部选用宁阳蟋蟀参战，结果以10比0的成绩大败天津蟋协，从此，宁阳虫在全国虫迷中名声大噪。1996年开始，宁阳蟋蟀协会举办了民间的全中华蟋蟀友谊大赛，吸引了全国各地四十余

图三　斗蟋大赛

家蟋协参赛，影响极大；当地政府因势利导，从1998年至今，每年秋季都举办中华蟋蟀友谊大赛。如今，该项赛事已被列为泰山国际登山节重要内容之一，成为当地老百姓精神文化生活的重要组成部分。

蟋蟀这小小的精灵，从古至今鸣着动听的声音而来，带给人们无数的欢乐愉悦，更给宁阳这个普通的地名增添了许多趣味，让越来越多的人了解到它的魅力。宁阳斗蟋源远流长，体现了当地特有的民俗风情，是当地民间娱乐活动的重要组成部分，对研究当地风土人情、历史文化等有着重要价值。

胶东花饽饽习俗（文登）

2009年，文登市的"胶东花饽饽习俗"被山东省人民政府列入第二批省级非物质文化遗产名录。

文登市隶属于山东省威海市，位于山东半岛东部。当地有一种习俗，源自民间且具有浓厚的乡土气息，也是广大劳动人民智慧的结晶，那就是胶东花饽饽习俗。

据史料记载，胶东花饽饽习俗早在汉代就已产生，宋代《梦粱录》中记载有把花饽饽用在春节、中秋、端午以及结婚祝寿的喜庆日子的习俗。这一习俗经过几千年的传承和经营延续至今，可谓历史悠久。

制作胶东花饽饽并不以食用为主要目的，而多是为了祭祀和馈赠。伴随着各类民俗活动的消亡，胶东花饽饽和其他民间艺术品一样，实用功能削弱，审美观赏价值得到加强，由原来单纯为了果腹，逐渐渗透到某些饮食文化习俗中，并发展成为一种艺术形式，说明历代先民们在满足生理需求的基础上，也在追求心理需求的满足。胶东花饽饽的加工，力求在给人以味觉享受的同时，突出视觉美感，承载着浓厚的文化内涵。因而民众在祈福辟邪等多种民俗文化心理的支配下，创造出许多样式新颖美观的胶东花饽饽。

胶东花饽饽有自己的艺术特性，也有着其他艺术形式不能比拟的独特质感。胶东花饽饽表面光亮，造型简练夸张，用色大胆泼辣，有着浓厚的乡土气息。同时，其色彩鲜明、精微细致、生动传神，又具有中国传统绘画的风采和神韵。

胶东花饽饽习俗在不同的节日活动中表现着不一样的内容。清明节捏燕子；六月初八祭龙王；七月初七牛郎会织女……从正月到腊月，从孩子出生到老人做寿，人们用不同形式的花饽饽来表达对节日的庆贺和对家人的祝福。

胶东人过年，家家都要蒸大枣饽饽，就是把饽饽表面挑出"鼻"，嵌入红枣。五个枣饽饽叠放，用来供祖先、财神、菩萨。腊月三十接神，正月初三撤供品，正月十五供五个茧饽饽和三个大圣虫饽饽。供奉时中为祖先，右为财神，左为菩萨，意为多财多子。祖先、财神、菩萨前各放一碗粮食，圣虫则放在盛粮食的碗里。供奉完后，茧饽饽用来食用，圣虫则放到大粮囤中，直到二月初二由孩子们分食。圣虫的"圣"谐音"剩"，意为"剩余"，寓意五谷丰登，年年有余。有人还将"圣虫"做成刺猬状，"刺猬"口含红枣，放在米面缸中或钱柜、衣橱里，祈求财物增多，使用不尽。

图一　制作胶东花饽饽

095

正月十五元宵节也叫灯节，除了供茧饽饽和大圣虫饽饽，家家户户还会用豆面捏面灯，俗谚"清明燕，端午蛋，正月十五捏豆面"。豆面灯的做法是：先捏出一个窝，周围做上花边，用棉线做成灯芯，注入花生油，将灯点燃。灯座捏成十二生肖及其他造型，生动多样。到晚间，乡里人提上各种面灯到祖坟前祭祀，为故去的亲人送灯，祝福他们不迷失方向，能够与家人团聚，同时还要在屋里屋外放各种面灯。人们还用鸡灯在屋内多个墙角仔细照一遍，嘴里还念叨："照照锅台儿，蝎子不蜇老娘烧饭儿；照照炕头儿，蝎子不蜇老人头儿；照照窗台儿，蝎子不蜇小孩儿。"渔船上要点各种鱼虾灯，在船头放祝愿出海平安的乌龟灯。这天还要用面做成鱼、猪、羊等动物，用来供奉神灵。

每年谷雨时节，文登沿海一带的许多渔村还有祭祀海神的风俗。他们在供桌后面摆放十多对人首鱼身、蟹身或虾身的面花，中央放一条大面鱼，象征富贵有余；两边放五个一摞的大枣饽饽，饽饽周边放一圈猪羊等面花。这些是给神灵的祭品，也是供众人观赏的非食用品，所以在制作时必须尽心竭力。渔民们认为这些供品最能表达他们的诚意，来年海神一定会保佑他们满载而归。

阳春三月的清明节，是祭扫坟墓，缅怀先人的日子。人们对清明节前一日的寒食节十分重视，要捏春燕供奉和食用，俗称"做春燕，捏龙凤，描花画叶欢吉庆"。胶东旧俗，姑娘新婚后第一个三月三，要从娘家带一篮春燕面花回婆家，表示燕子归巢，并有白头偕老、家庭安乐的吉庆寓意。民谣唱道："三月三，燕三千。不送三月三，死了丈夫塌了天。"送女儿面燕也是期望女儿早日怀孕生子。婚后一年内，新媳妇每次回娘家探亲后都要带炸面鱼、花巧饼、花馍馍等回婆家，以示祝福。

胶东农村非常重视婚嫁养育这些人生大事。每逢这时，人们都会做一些面花，或馈赠邻里亲友，或祭祖供奉，皆寄托了如意吉祥、祈福禳安的美好愿望。婚礼是人生中的一个重要仪式。婚姻礼仪作为一种世代相传的文化现象，在演进过程中具有相对稳定的传承性。男方给女方送发面，女方做好喜饼及带有鸳鸯、金鱼、狮子、佛手、蝴蝶等不同图案的花饽饽，馈赠男方及亲友。文登各地还有给新生孩子过"百岁"的风俗。孩子出生后第一百天即是"百岁"，孩子姥姥制作一些面虎、桂花、月鼓、糖帽等形状的面花称为"送百岁"，表示期盼孩子健康成长。过 "百岁"还要送 "粔粔"面花，粔粔形状类似纺锤，呈枣核形，上面彩绘点染各种花草、童子形象，有长命百岁之意。有的姥姥还会送一百个小花饽饽，寓意长命富贵。

乡里人盖房是件大事，在上梁、立柱等民俗活动中，主人家要举行隆重的祭祀庆典，供奉面塑的老虎、圣虫、龙凤呈祥、狮子把门、肥猪拱门等面花，象征"蟠龙抬头""凤落宝地"，恭请土神安家，佑金梁玉柱永固。

花饽饽做成老虎头就是为小孩过生日用的，寓意孩子将来像老虎一样健壮；做成葫芦，就是希望孩子长得像葫芦一样又快又健康；男婚女嫁做"鸳鸯戏水"；蒸"莲子饽饽"象征着爱情永恒、早得贵子；做成鱼就是祝福小两口生活年年有余；周围镶上12朵花就象征着每年12个月，每个月都像花一样幸福。动物花卉、历史故事和其他的民间题材，几乎都成了文登面塑的表现内容。

胶东花饽饽这种古老的民间习俗，经过千百年的传承，已经成为一种文化现象，人们从这些饽饽中仿佛看到文登庄户人家的浓浓乡

图二　精美的胶东花饽饽

情，同时也感悟到文登民间绚丽质朴的乡土文化。胶东花饽饽之美，美在其自然的材料和精美的工艺，这些无不表达着人们对生活的美好希冀，所以它塑造的形象是符合民众文化心理的，是老百姓喜闻乐见的。胶东花饽饽作为一种面塑造型艺术，长期生长和扎根于百姓生活，已成为民俗风情独特的表现方式。

丰富精美的胶东花饽饽代代相传，反映出劳动人民的集体智慧。人们用花饽饽美观多样的造型、鲜艳大胆的色彩表达自己的愿望与祈求。这种古老的文化现象，已经成为胶东民众日常生活的一部分，历经沧桑而经久不衰，显示了它强劲的生命力。

转秋千会

2009年，莒县的"转秋千会"被山东省人民政府列入第二批省级非物质文化遗产名录。

莒县隶属于山东省日照市，位于山东省东南部。莒县的转秋千会多在其北部的东莞、库山、碁山等乡镇举行，以碁山镇为主要发源地，每年只在清明节期间举行一次，是以祈福求安的转秋千游艺活动为中心形成的乡情浓厚、独具特色、规模宏大的民俗活动。

莒县秋千最早见于宋代高承编撰的《事物纪原》，书云："齐桓公北伐山戎，将秋千之戏，传之于齐……"莒北地处齐长城之阳，居穆陵关之门户，是秋千传入的最早地域。

另一传说为，金元之交，莒地战乱，民不聊生，春月饥寒，常有迫于徭役、饥饿而悬梁缢树之民，村上遭此惨事，乡老里胥为禳灾祈福、佑护平安、添丁进财，遂请净土寺道士前往建醮作法。道士长于秋千之技，于坛场竖百尺旋转高杆，作飞千表演，临空抛符、豆，撒纸钱，名曰"驱缢鬼"。礼成后告知施主，须还三年秋千神愿方保一方平安；至还愿时，道士往往因应法事过多，人不敷用，将秋千技艺授予村上善男信女，助其完成法事，而承飞千之技。百姓如法仿效，在清明节期间表演秋千，相沿成俗，嬗变为一项独具特色的民俗活动——转秋千会。

明代戏曲家李开先，在莒、沂边境，箕屋山之阴，留有摩崖诗一首："彩架过长河，女郎笑且歌。身轻如飞燕，手捷似撩梭。村落人烟少，秋千名目多。从旁观者惧，仕路今如何？"明代前杨家庄进士杨光溥有"东风吹醒梨花梦，月在秋千别院西"的诗句。以此可证，明代莒北秋千之戏业已称盛。

清乾隆年间，莒县转秋千会已逐渐演变成一种联系乡谊、健身娱乐、演艺交流和进行民间工艺品、民间小吃等物品贸易方面的民俗游艺活动。当年郑板桥过莒观秋千盛会曾为之诗云："纸花作雪满天飞，娇女秋千打四围，五色罗裙随风摆，好将蝴蝶斗春归。"从中可以领略到当时的盛况，美不胜收。

20世纪50年代，莒县"转秋千"盛会达到顶峰。秋千盛会期间，周边村民舞龙舞狮前来助兴，民间工艺品、莒地陶器、民间小吃等汇聚一堂，与会者饱览秋千技艺之余，购买山货等物品，以备生活之需；周围村民争相上架，表演竞技，男女老少几乎都汇集到这里听戏、看表演、打比赛等，熙熙攘攘，人头攒动，摊贩云集，场面浩大，热闹非凡，于是形成了最热闹的民俗活动盛会。转秋千会最活跃的村庄，分布在碁山主峰以东，以大林茂、大野场、小河等村为中心。孩子们六七岁就敢在丈余高杆上系绳摆荡，青年男女则通过秋千盛会相互交往，年过八旬的老翁仍能攀杆献艺。

莒县转秋千会作为清明节期间以转秋千健身游艺活动为主的大型民俗活动，人们相当重视。每年春分，热心秋千的长者便率领村上青年，在村头数百平方米的宽敞空地，先用木棒和铁丝扎成一个约有一米高的四方底座，再把一根十余米高的中柱斜靠在底座上，有人顺杆爬上去，在中柱上方有八个榫孔，底下的人分别把八根横桁——吊棒送上去插到孔里，砸几锤子使得梁柱对位，再由上面的人用绳索固定。对接完成以后，众人合力，前推后拉，十几个青壮年一点一点把中柱竖起来，对准地下的转孔。此时中柱无依无靠最容易倾倒，四个方向同时拉绳子不断调整使柱子垂直，然后将绳子捆到四面的树干或电线杆上。此时秋千已见雏形，就像一柄巨大的雨伞骨架。然后每根吊棒末端各拴5米许双股绳索两条，下连一个"牛锁头"作为千板，这样一个八座的土法秋千就算完工了。固定千杆的多条斜拉绳索，上下装有五颜六色的小旗，远远望去，像一座五彩缤纷的楼阁。

秋千架扎好后的第二天一大早，东道村的主持人先到秋千架旁为秋千开光，率众焚香烧纸，对着秋千跪拜，口中念道："悠千神，悠千神，光打悠千别跌人。"祈求神灵保佑，玩耍时不要跌落。然后一个青年登上秋千高台撒糖果，喻示

图一　推转秋千架

生活甜美，引得架下大人小孩争先恐后地哄抢，然后大家便可上千练习。

一般在春分的第八天开始村练，首先由本村高手作示范表演，全村老少绕场观看，间或也有邻村乡亲前来观摩学艺。村练五六天后，选出高手，准备参加联村盛大的秋千节。集会时间一般自寒食前一天至清明节黄昏，为时三天。

举行秋千盛会的早晨，身着节日盛装的男女老少，从四面八方赶来。九点以后，会场上即已观者如云，摊贩密集，叫卖声不绝于耳，舞龙舞狮、跑旱船、踩高跷的表演队伍穿梭不停，锣鼓喧天，民间剧团表演的周姑戏丝竹声动、委婉动听，商贩的叫卖声此起彼伏、热闹非凡，场面胜过传统的庙会、社戏。

盛会多在十点左右开始，村里的长者敲锣定秩序后，主持人敏捷地爬上吊杆，向四面观众施礼致意，随之开始献上拿手绝技。开场节目多是东道主村集体表演，首批攀杆者皆红装少女，她们坐稳千板之后，先是轻轻起荡，继之随杆慢慢旋转，由缓而速；此时千板上的少女忽而蹬板而立，忽而着板而坐，忽而单伸一臂，忽而两臂平伸，形如鹏鸟振翼，名为："凤凰展翅"。"凤凰"收翼之后，全体演员直立千板，且转且荡，先是相向漫舞，而后逆向狂飞，形如织女投梭，名为："织女飞梭"。

梭停机止，坐板少女摆绳垂直，握绳而起，倏忽间又是一阵快速飞转，

呈过顶荡势。此时稳坐千板的秋千女，抛出五颜六色的纸屑，一时满天飞彩，此名为"天女散花"。接着竞技进入高潮，各路秋千高手各显其能，在秋千转动的过程中表演一些高难度的动作。8副千板上飞快爬上16名青年，或"金鸡独立"，或"壁虎倒爬"，或"喜鹊登枝"，真可谓花样百出；此时架杆转速加快，如急旋巨型陀螺，坐板摆荡在空中画成圆弧。当观众目不暇接之时，千板上的演员突然"失足"，令观众惊呼不已，然后他们同时将双脚倒挂在千板上，来个"金钩倒挂"。金钩脱挂之后，16名小伙手握摆绳，足离千板，忽而挺身斜飞向左，忽而飞旋向右，忽而来个筋斗，忽而做个倒立，此曰："鹞子翻身"，令人惊心动魄。"鹞子"停翻，荡速变缓，眨眼间一个演员独占两副千板——4人分占8副千板，他们挺身面地而卧，另有8人，一骑其背，一跨其臀，如此者4组，同时飞转速荡，形如天马行空，此曰："麒麟送子"。继此节目之后，还有"霸王观阵""老虎蹲山头""老虎睡觉""鹞鹰亮翅""太公钓鱼""王小摸鱼""鲤鱼打挺"等十几种惊险动作，真是美不胜收，扣人

图二　转秋千　　　　　　　　　　　　（图片来源：山东省莒县文化馆官方网站）

心弦。

　　民间剧团、杂耍艺人也不甘寂寞，率先而动、争相开场，纷纷亮相秋千会现场。当地各村的秧歌都齐聚会场，降香点蜡，进行表演，以此祈求一年风调雨顺、国泰民安。一时间，锣鼓喧天，鞭炮齐鸣，热闹非凡。耍狮子、跑旱船、舞长龙、扭秧歌、踩高跷等，步随鼓移，或聚或散，缠绕回旋，叫人看得眼花缭乱。盛会一直持续到黄昏，人们才逐渐散去，一帮青壮年留下来拆除秋千架，标志着转秋千会圆满结束。

　　会前三天，生意人就成群结队涌来，搭帐篷摆摊设点，餐饮、百货、糖酒、服装、蔬菜瓜果等应有尽有，马戏、周姑戏、京剧、吕剧、茂腔等文化活动多姿多彩。甜香诱人的糖葫芦、风格各异的风筝和风车等颇具莒地传统特色的商品风采再现，来自莒地各方的能人巧匠也在一横一纵两条大街上摆开擂台展露手艺。现在各种商店都买不到的玩具，如迎风挥舞就嘎嘎击鼓的大小风车，抽在地上滴溜乱转的陀螺，以及三至五尺长的大糖葫芦，各种生肖玩偶，

图三　转秋千会　　　　　　　　　　　　（图片来源：山东省莒县文化馆官方网站）

泥盆、泥哨、泥壶等，还有当地小吃、干鲜特产、风车风筝、针头线脑、杂物百货等在秋千会上都可以找到，满足了人们吃喝玩乐及购物的需求，雅俗共赏，少长咸宜，形式多样，异彩纷呈。莒县转秋千会展现给莒地百姓的是新鲜和惊喜，既突出传统，又展现新意，还做足了乡土风情。

打秋千虽全国各地都有，但莒北秋千独具特色，既保留了古代祭典的遗风，又传承着惊险杂技的艺术技巧，令游人大饱眼福。莒县转秋千会是独具乡土特色的群众性民俗文化活动，千百年来激发着当地人勇敢、奔放、矫捷、敏健的品格，可以祛除百病，锻炼意志，使人体格强壮，心旷神怡，成为当地一大文化特色。当地老人孩子齐上阵，荡秋千、转秋千，荡得越高寓意生活得越好，在转秋千中转出好运气、好收成、好生活，因而转秋千会在世代相传中经久不衰。

仿山山会

　　2009年，菏泽市定陶区的"仿山山会"被山东省人民政府列入第二批省级非物质文化遗产名录。

　　菏泽市定陶区地处山东省西南部，是一座历史悠远的中原古城，也是中华文明的发祥地之一。根据《定陶县志》的记载，尧初居于唐，后至陶，并把"陶"定为尧都。书中所载的"陶"，便是后来的定陶。仿山就在定陶城西北十二里，是古时曹国的陵地，埋葬了西周至春秋时期，曹国自曹叔振铎至伯阳等历代国君。

　　曹叔振铎，姓姬，名振铎，曹是他的封国，而叔是他的排行，故称曹叔振铎，他是曹国的第一任国君。周武王伐纣，推翻商朝，建立周王朝，为镇压被统治氏族的反抗

图一　仿山曹姓祭祖碑

105

和奴隶起义，控制幅员辽阔的疆域，巩固其奴隶主统治的政权，便依着宗法血亲分封宗室贵戚。据古籍所载，"曹叔振铎，周文王第六子。武王克商，受封于曹，定都于陶。"所以古陶在西周时期曾是曹国的政治、经济、文化中心。商周时代正是卜辞之术非常兴盛的时期，当时的人，尤其是贵族，对风水天机极为重视，选择陵墓时慎之又慎，有山水相伴是其中必需，曹国境内的仿山，便是后来被选定建造曹国国君陵墓的地方。

仿山由东西两座山构成，两山之间为山谷。传说，孔子当年周游列国，路过此地，拜谒仿山。当时孔子刚受了卫灵公的冷落，情绪很是低落，当他和弟子们来到仿山山谷，却见山谷清泉汩汩，碧流成溪，溪池边有美女浣纱，上前问询，发现女子虽乡野村妇，却懂礼仪、知操守。此时天空忽然升起朵朵白云，孔子触景生情，赞叹有加曰："河谷停云也。"这个故事在定陶一带流传甚广，百姓将孔圣人莅临处称为"圣迹"。

现今的仿山，东西山相距约50米，即中间的山谷。东山高约12米，东西宽90米，南北长340米。西山略小，高约4米，东西宽50余米。两山共占地38000余亩。据说古时的仿山，比现在高大得多，"崇三十丈"。后来长期受风雨侵蚀，渐渐冲刷成现在的大小。此说虽有些夸张，不过根据当地人口耳相传留下的传说，以前的仿山的确比现在要高得多。据记载，曹国历代国君为显示其经济实力和政治权势，将陵墓尽力加高加大，逐渐形成如此之高阜。仿山现存碑刻铭文，也可以为这个说法提供佐证。

古时，仿山风景秀丽，山水清明。春秋时期，开始修建曹国国君陵墓，至明清之际，仿山的墓群之巅，已有玉皇阁、百神殿等大小建筑48座，形成了规模庞大的古建筑群和碑林。仿山原本山势或坦或峭，凹凸秀丽，苍松翠柏，遍布其间；各式建筑，依山而建，飞梁画栋，气势恢宏。文人骚客为胜景所引，登高临远，赋诗饮酒，每逢阳春三月，百里客商也纷至沓来，交流贸易。

如今，每年农历三月二十七日至三月二十九日，便是仿山山会的日子。每到这个时候，仿山盛况空前，可谓熙熙攘攘、笑语不绝、香烟缭绕、车水马龙。来自周边地区的商贾游客、信女善男十几万人云集于此，庙宇之间烧香朝拜者，集市之中贸易往来者，尽得其乐。

仿山山会的形成，经历了一个由不定期到定期的发展过程。最初，每逢农历初一、十五，多有吃斋念佛的善男信女，到仿山烧香朝拜。但在一个相当长的时间里，朝拜之人都是各自往来，没有固定的时间举行朝拜祭祀。随着时间的推移，曹叔振铎的后人思念故国，怀念先君，便开始在仿山之上修建曹伯祠（即大王殿），以便定时祭祀。同时规定一个日期，云集仿山致祭，并进行物资交流。仿山山会中，至今还保留着一些原始的祭祀仪式。在庙会祭祀大典上，会请有道高僧主持祭祀仪式。在每个庙宇中，还会有小型的祭祀仪式，称之为"唱念"，是与神灵"沟通"的一种形式。

随着道教的发展和佛教思想的传入，并渗透进当地的民间文化，仿山山庙中所祭祀的神也逐渐复杂和多样起来，随之形成不同文化风格的庙宇建筑，如玉皇阁、百神殿、包公殿等，其中的百神殿里，便有各路神仙塑像百余座。这上百座塑像，体现了当地民间信仰的丰富多彩。

到了宋代，仿山山会已见雏形。据宋代的翰林王禹和进士杨景山在仿山石碑上的记载："每岁三月二十八日致祭。""致祭"本与山会无关。然而

图二　仿山百神殿

图三　仿山山会上的民间艺人

因为时间集中，参加祭祀活动的人不能马上回去，需住下，留宿的人多了，也就产生了商品贸易需求。不过起初也只有饮食服务业，到后来才逐渐发展成为商品种类齐全的贸易大会。

经过多年的发展，仿山山会的规模越来越大。最盛时东到津浦路，西到山西长治、运城，南至安徽蚌埠、河南周口，北至河北保定、石家庄，甚至南京、上海、天津、北京等地的商人也来赶仿山。来自苏、鲁、豫、皖、晋、冀等数省民众云集于此，熙熙攘攘，往来贸易。甚至有些商人为抢占较好的摊位，每年一入三月就来仿山占地方，然后把货物运到仿山会场。仿山会场连绵五六里，各类商品品种齐全，仅骡马一市每年成交就不下上千匹，至于牛羊之类的牲畜家禽更不可胜计。其他京广杂货、日用商品、儿童玩具、木料、农具等，也是应有尽有。

再之后，仿山山会的内容便不只朝拜祭祀和商品贸易了。因为形成了规模宏大、人员密集的集市，自然吸引了适宜这种环境的各类民间艺人。有打拳卖艺的，跑马玩杂技的，说书唱戏的，斗鸡斗羊的，耍猴的，舞狮的，扭秧歌的，吹唢呐的，锣鼓喧天，热闹非凡。捏面人的，吹糖人的，算卦的，这里也都能见到。至于各类特色小吃，风味美食，更是让人眼花缭乱，目不暇接了。

山会上，最具当地特色与影响力的一个项目便是"听唱戏"。在仿山附近的农村，至今仍保留着比较传统的生活习惯。相较于城市居民而言，农村人生活娱乐相对单一，因此，每年的山会这几日便是当地居民的狂欢节。每到这个时候，当地人会极热情地请戏班子来演出，大戏连唱数天。虽然山会只有三天，但戏可能会连唱一周。在娱乐活动极少的年代里，每年的山会听戏，是当地许多人美好的回忆。

仿山山会，以其独特的历史渊源，悠久的传统文化，千百年而不衰，成为鲁西南地区极负盛名的传统山会。如今，仿山的树木、建筑正逐渐恢复，自然环境得到改善，交通条件也更加便捷，仿山山会终于再现往昔盛况。山会上的熙熙攘攘、一派祥和，也正是我们所期待的和谐社会的盛世一隅。

图四　各地群众参加仿山山会

桃源花供

曹县隶属于山东省菏泽市，位于山东省西南部。著名的"桃源花供"是当地一项非常有代表性的民俗活动。

桃源花供，是曹县居民以面塑、蔬菜制成花供，祭祀火神的一种民俗活动。当地居民认为，正月初七是"火神爷"的生日，在这一天要摆供祭奠。每年腊月初十前后，当地居民便开始准备祭拜事宜，正月初六晚上制作花供，初七开始进香、朝台、摆花供。

桃源花供是我国北方源远流长的花供文化中的一个代表。花供的渊源可推至古代的殉葬制度及祭祀、馈赠习俗。桃源花供作为曹县特色民俗，其起源众说不一，但都涉及火神崇拜这一根源。

据花供老艺人讲，明代洪武末年，瘟疫盛行。一群难民沿黄河东下，走到今山东东明界之时，从上游漂来一幅火神像。他们将火神像拾起，认为是火神点化，为他们指路，于是人们弃舟登岸，在大屯乡附近安家，后来几经周折在曹县桃源定居。再后来，人们为感谢火神的庇佑，便将拾到火神像的日子，也就是农历正月初七，定为火神爷的生日，摆供祭奠火神。最初的

图一　观看花供　　　　　　　（2009年2月1日，潘鲁健、樊海鹏拍摄于曹县桃源镇）

供品仅以白面为原料，后来以当地盛产的白萝卜为原料，供品花样增多，所以称为"花供"。这也是桃源花供最初的由来。

最初，桃源集祭祀火神爷，家家都要摆花供，有的数家一起摆供请火神，后来逐渐演变成全村共同筹办，而且有了专门负责组织安排花供的组织，叫香会，由精通花供仪式、工艺，德高望重之人担任会首。每条街道都会选出自己的会首，管理花供事务；桃源七条街选出总会首，负责召集各街会首，协调花供整体事务。各个街道按照花供分工不同，还可分为主持街和花供街。主持街由各街道轮流承担，负责准备供桌，"搭神棚、彩棚"，当年不置办花供。其他六条街道为花供街，他们各自于正月初六晚上召集能工巧匠连夜制作花供，正月初七依次将花供进奉火神，是为"朝台进供"。

上面说到的"搭神棚、彩棚""朝台进供"，是桃源花供祭祀火神的重要步骤。神棚是张挂火神像，摆放供品，举行祭祀仪式的地方，坐北面南；彩棚是摆放花供的地方，一般与神棚相对而建。搭建时需高粱箔、木头、彩纸等物件，当地人会无偿提供或借出，以示对火神的敬畏和感念之心。神棚布置类似庙宇，火神像挂于北墙上，两边有对联。火神像前置供桌，上摆烛台、香炉等物件，供桌前的两根支柱上也贴对联。神棚彩门也贴对联一副，对联的内容都是有关火神的祭祀祈福之事。彩棚旧时一般以高粱秸等搭建在高台上，长约三丈，宽约两丈，高丈余，四壁围以帐幔，上扎顶楼，内置数十张桌子放置花供，棚外置六道彩门，壮观异常。

"进香"，当地称"拈香"。不等正月初七，花供会就已开始。正月初五男进香，初六女进香，初七男女一起进香。由于主持的街道不拈香不做花供，当初七会首带领全街老少会众前来进香时，作为东道主，主持街不仅要安排会首站在火神爷供桌前司礼，还要安排十余名老年男子跪在神棚外"陪客"。会首在前，"陪客"后面是进香会众的队伍，男子在前，女子、小孩随后，人数达五百之多。居于最前面的会首来到火神像前，将手中的几炷香交司礼后，率众跪下，烧黄纸，敬三遍酒，上三炷香。嘴里喊"南无——阿弥陀佛"，后面的"陪客"及所带领的会众也跟着喊。磕三个头，随即让下一帮会众进行祭拜。一般桃源花供只有桃源镇六条街上香摆供，而周围村庄只进香即可。

花供，最重要的自然是"做花供"的环节。桃源花供大致可分六类：一是建筑物类，如牌坊、宝塔、亭子等；二是人物类，如寿星、穆桂英挂帅、唐僧取经、刘关张桃园三结义等，主要取材于古代神话戏曲故事；三是动物类，如狮子、仙鹤、凤凰、当年的生肖动物等；四是瓜果类，如仙桃、苹果、杏、西瓜等；五是花草类，如菊花、牡丹花、月季花、水仙花等；六是食品类，如猪肉碗面、花馍等。

图二　集体制作花供　　　　　　　（2005年2月14日，潘鲁健拍摄于曹县桃源镇）

正月初七的花供，初六下午就要开始制作，初七早晨必须完成。制作花供的工序大致分三步：第一步将各种供品雕塑或捏塑成形；第二步上色，涂香油；第三步，为供品做装饰。在花供制作过程中，供盆制作比较重要，它起到支撑供品的作用。盆内要放一块大小合盆的萝卜，平切后放到里面，用于安放供品。盆中其余空间用萝卜的下脚料填充，直到填实为止。上面用豆腐渣或面团覆盖，抹平，起加固作用。

做花供所用的都是可食用的材料，方便撤供后食用。根据材料的形状、质地不同，可以做出不同样式的花供，而且制作步骤也会依花供的造型而不同。"坐狮"是以一根带弯的萝卜为基础制成的，下面用竹枝作为前足支撑；"猪"，则用一根浑圆的萝卜制成，保留萝卜尾做猪尾巴。用白菜疙瘩雕刻菊花，用黑豆做动物眼睛，用麻线做龙须。有的花供，像双龙戏珠，先用铁丝扎出骨架，然后根据部位不同，黏附不同的面团，捏塑而成。在各式花供中，戏曲人物是最为复杂和精致的一种，做花供戏曲人物的一般程序是：先扎制框架，安插到供盆中，再用烫面糊出人物形体，然后依次捏出人物的帽子、黑靴、裙袍及花翎等部件，用面剂捏成手臂，用小剪子剪出五指形状，用小梳子把黑色的面剂按压成胡须，最后是把不同颜色的面剂缠绕在篾子上，制作出人物佩带的刀、枪、剑、戟等武器。最后上色，施以彩绘，这样一个个色彩丰富、精神饱满的人物形象便活灵活现起来。

花供制作完毕后，要按照祭拜队伍顺序排列，保证供品在队列中的顺序不出差错。花供队伍传统的排列方式为第一排花馍，第二排牌坊、塔、亭子等建筑物，第三排是狮子、老虎、大象、豹子等动物及当年生肖，第三排八仙过海、唐僧取经、刘关张桃园结义、秦香莲抱琵琶、穆桂英挂帅等神话及戏曲故事人物，其余多排花供均以花卉、蔬果等为主题。有的街道将花供集中到八仙桌上，两侧用竹竿做成轿状，或四人，或八人，抬往彩棚。抬往彩棚的过程走东串西，供人们观赏。

"朝台进供"是桃源花供的高潮部分。每条街都有自己的鼓乐队、秧歌队或高跷队，进供时由鞭炮开路，彩旗队、锣鼓队、秧歌队、花供队伍其次，最后才是上香队伍。进供从上午九点开始，半个小时一班，按照会首商定的次序

图三　朝台进供　　　　　　　　　　　　　（2007年2月24日，潘鲁健拍摄于曹县桃源镇）

进行。数万人随花供队伍行进而移动，所以当地有"桃源花供——走着瞧"的说法。

　　等花供送至彩棚后，会首带领本街会众来到火神像前进行祭拜，祈求火神保佑风调雨顺、五谷丰登、人丁兴旺、消灾祛病。此外，正月初七这天人们还要请戏班子演戏以示庆贺，唱祭火神的"神戏"。

　　作为独特的火神祭祀形式，桃源花供体现了当地人知恩图报的道德观念和朴素的神灵信仰，同时也显示出独特的供品制作技巧。桃源花供还能助益各个宗族消除彼此间的矛盾与隔阂，提高凝聚力，促进当地社会和谐。

四四席食俗

2013年淄博市博山区的"四四席食俗"被山东省人民政府列入第三批省级非物质文化遗产名录。

四四席食俗，是博山乃至整个山东地区饮食文化的集中体现。而博山菜的源头，要从春秋时期开始。早在春秋时期，齐国临淄和鲁国曲阜就已非常繁华，在这种环境下，齐国和鲁国的贵族、豪绅恣意享乐，他们讲究饮食，直接刺激着烹和调的迅速发展。在当时，博山（古称颜神）处于齐鲁两国交界的地方，同时受到两国文化的熏陶和影响，其中尤其以风俗习惯和饮食受到的影响最深。所以后来的人们常说，博山菜既有齐风又有鲁味。

受齐鲁文化的影响，博山宴席百年来一直盛行三台席、四四席、六六席。聚乐村四四席起源于博山的三台席。

据传，清代康熙皇帝的老师，曾经担任兵、户、吏三部尚书的大学士孙廷铨（人称孙国老）在五十几岁告老还乡时，将宫中御膳房的菜谱带回了博山。后来，人们把宫廷菜谱和博山当地的食材及口味融合，便逐渐形成了今天博山菜的精髓。孙廷铨的长子，光禄寺署正孙宝仍与他的父亲一样，将宫廷餐饮礼仪引入博山。清代末年樊彬的《燕都杂咏》中有一首写到"茶汤了无味，久笑大宫庖"的诗，便是在说孙宝仍带回博山的茶汤。

博山四四席的习俗由来已久，明清两代博山地方餐饮民俗和宫廷礼制文化相

图一 博山聚乐村成立于1919年，取"聚太和气，乐适意游"之意，体现了传统文化对餐饮的深刻影响

交融，形成了以三台席为主要内容的"四四席"雏形，在博山广泛流传。1919年，著名的"聚乐村饭庄"正式成立，它汇集博山几代人的智慧，创建了"聚乐村四四席"。

"聚乐村四四席"引入了清末宫廷菜式和满汉全席的诸多特点，并结合当地习俗，创制成高档宴席。它以"燕翅鲍参"为主打菜系，以山八珍、海八珍、禽八珍、草八珍为主要食材，以精湛的"清汤菜""红烧菜""爆炒菜""沤底菜"和独特制汤工艺蜚声齐鲁，并在佐餐环境、用餐礼制、菜品文化、宴席形式上容纳了诸多民俗文化元素，分婚宴、寿宴、商宴、官宴等多种形式。各种形式宴席又有不同礼俗，素有"美食不如美器、美器不如美地"之说。

"聚乐村四四席"的创制和发展，凝聚了几代人的心血和智慧。20世纪初，以栾玉琢、王广镛等清末民初诸多名厨为代表的创建班底，赋予了"聚乐村四四席"强劲的生命力、鲜活的表现力、深邃的影响力。"四四席"的特

图二　在聚乐村就餐，享受的是美食、美器和美地的完美组合

色，主要包括以下几个方面：

首先，"四四席"不仅指传统说法上的菜品和器皿的数理规制，其中更蕴含着一定的哲学理念和辩证思想。单就数理而言，八人用餐，"四四"规制恰到好处，少一个则不足，多一个则有余。而从中国传统观念上理解，"四"字的含义，多有"四红四喜""四平八稳""四方宾客""四世同堂""四乐人生""四季来财"等吉祥寓意。因此，"四四席"的叫法也就自然让人们充分地展开联想，把菜品和器皿的数值含义与社会理念进行了丰富的延伸。

其次，"四"字与菜品内容结合，使之在不同季节得以有序变化和更迭，人为地迎合了时令间"四季变换""四时常鲜"的自然属性，极大地顺应了"天人合一"的一般规律和自然法则。

"四四席"的菜品内容不是一成不变的，随着季节的变化，其内容也随之改变，以保持原料成品的"四时鲜"。"聚乐村饭庄"早年就开挖地窖，

图三　席踞八仙桌，坐大漆木圈椅，两两相对，宾主有序，尊卑自知

低温保存原料；更有在全国独创的"油发""水发"等海鲜水货制作工艺，这对相同原料在不同季节的使用也有独到之处。例如，鸡类菜品，夏秋季节以炸制为主，春冬季节以汤制为主，这种把时令菜品的优势加以最大限度的极致发挥，充分体现了"四四席"遵从"四季交替"与"时令新鲜"的自然属性。而"四四席"在菜品和工艺的不断变化中，也坚守着不变的品质和恒定的品格。

再次，"四四席"还融入了中国古代"天圆地方""四面八方""对称平衡"的宇宙观。过去在宴请宾客时，主宾席皆用圆桌，圆桌大都采用方形看盘陈列。一般宴席则用方形八仙桌，方桌多用圆形盘子陈列。试想，诸食客席踞八仙桌，坐大漆木圈椅，两两相对，宾主有序，尊卑自知，显示个四面八方的开头，合出个四红四喜的吉数，品的是味道，要的是感觉。

如宴请重要客人，也多以配备四押桌、四干果、四鲜果、四蜜饯、四点心为"预席"之仪，不仅以此彰显对客人的尊重，而且符合不使主客空腹饮酒的养生要求。座席之间专留两个空座以备敬酒之人随时入席敬酒，谓之"敞口席"（少一人为"缺口席"，多一人为"挂角席"），以示待客的隆重与礼数的周全。

在菜品的器皿和酒具的使用上，"四四席"也刻意地追求格调与风格的相对和谐与统一。美器、美食相互衬托，相得益彰，并使其在不同规格和用途的筵席中加以变换，使"四四席"不仅成为色香味俱佳的美味佳肴，更有赏心悦目的视觉享受。如此陈列，不难看出设计者独特的美学理念及突出的和谐构思。

最后，"长尊幼卑""主客有序""先干为敬""离座敬酒"等传统礼仪规制的约束，以及食客们席间作诗侑酒、逊谢酬答的现场调和，更令"四四席"在燕乐餐饮过程中少了几分粗俗，多了几分优雅。其延续至今的诸多规制、讲究，并非是烦琐的繁文缛节与陈规陋习，而是餐饮文化、人文与环境、自然与美食、精神与物质的和谐体现。

深刻探究和充分理解"四四席"的文化价值，不难看出其产生和发展的必然性：

第一，"四四席"的产生有其深刻的历史背景和特殊的人文渊源。博山地区早在明清时期，就有很多或在朝为官或通商八方的俊才贤士，如历史名人孙廷铨、赵执信等，他们都在不同的历史时期为博山餐饮及其消费习俗，起到了积极的引领和推动作用。孙廷铨的《颜山杂记》、赵执信的《饴山文集》中多次讲述了博山餐饮文化及相关的俚俗习惯，民间早已有三台席和四四席的雏形。这都为博山菜系的发展和"四四席"的产生提供了许多历史渊源。

第二，"聚乐村饭庄"的创始人张新曾、石金生等人，皆为清末进士，历仕官宦，走南闯北，眼界开阔。当时的博山又以陶瓷琉璃与煤炭矿冶为主要产业，南北交通便利，商贾云集。张新曾及石金生等不仅是门第显贵的乡绅名流，更是见多识广的美食专家，正是由于他们的介入和参与，才有力地推动了"聚乐村饭庄"的创新意识和发展的

图四　聚乐村由清末进士、曾任过河北昌黎县知事、时任博山商会会长的乡贤张焕辰，名厨栾玉琢、王光镛等发起，采取集股合资经营，股东多是博山大商号和殷实家族

步伐，进一步提升了"聚乐村饭庄"的文化品位和菜品特色质量。加之有栾玉琢、王广铺、王光福、王德汉等诸名厨加盟，才在吸收和借鉴南北大菜之长的基础上，上溯中国礼至成规，顺应民间祈瑞祝吉心理，并结合当地俚俗，创立了"四四席"这样一种具有中华文化特色的餐饮习俗。

"四四席"的产生和发展，在很大程度上丰富了博山菜的文化内涵。现在人们所提及的"博山菜系"，有很多是以"四四席"诸多菜品为主要内容的。"四四席"传承至今，从无断档。由此，我们可以看出，聚乐村四四席的创制者的深远眼光和一代又一代传承者们卓越的民俗见识。

"四四席"不仅是单纯的餐饮规制形式，而且还伴随着时代的不断进步和发展，在融合当地民俗的基础上，派生出酒文化、孝文化、礼仪文化、婚庆文化、师承文化、厨艺文化等丰富内容。它的产生和发展进一步提升了以"京韵鲁味"为特点的博山菜在鲁菜体系中的突出地位和文化价值。